新任3年目 までに身につけたい

保護者対応の技術

中嶋郁雄 著

学陽書房

はじめに

　教師にとって、保護者への対応は、もっとも大切な仕事のひとつである反面、もっとも気を遣い、苦手意識をもつ人の多い仕事でもあります。
　少し前から、些細なことで苦情を申し立ててくる保護者や、無理な要求を突き付けてくる保護者が社会問題にもなり、「モンスターペアレンツ」という言葉が流行しました。確かに、世間一般の常識とはかけ離れた言い分を、臆面もなく教師にぶつけてくる保護者がいることは事実です。しかし、そのような保護者は、本当にごくわずかで、ほとんどは、話せば分かり合える常識的な人たちであるというのが、私の経験から言える結論です。前年度の担任から、「気を付けたほうがいいよ」と引き継ぎを受けた保護者が、警戒していた割には、話の分かる人だったというのは、よくあることです。強いて言うなら、子どものことに熱心になりすぎたり、自分の思いを分かってほしいという保護者としての気持ちが強すぎたりして、周りの状況に配慮することが苦手な人たちです。私たちの周りでも、仕事に熱心になるあまり、周りの迷惑を考えずに物事を突き進めたり、自分の意見を強い態度で押し通そうとして、他の人から敬遠されてしまう（若い頃の私のような）人は、それほど珍しくないのではないでしょうか。
　では、そのような保護者が、なぜ「モンスター」と言われるほど、強硬な姿勢で私たち教師に挑みかかってくるのでしょう。それは、私たち教師が、保護者から逃げているからに他ならないと、私は考えています。保護者から電話がかかってくると、「何かあったのかな？　苦情を言われるのでは……」などと身構えてしまうことはないでしょうか。また、子どものことで話すとき、「できるだけ無難に、相手の気分を悪くさせないことが一番」と、必要以上に気を回して、まるで腫れ物に触るように接してはいないでしょうか。
　もし、あなたが、人から同じような態度をとられたら、どうでしょう。そんな相手のことを好きになれるでしょうか。信頼して話をすることがで

きるでしょうか。きっと、「何を考えているのか分からない人だ。言っていることは、口先だけではないだろうか？」と、相手のことを警戒するようになるはずです。

　保護者が教師に苦情や要求を言ってくるには、それなりの理由があります。たとえ、苦情を言ってきた保護者が、自分勝手で、こちらの気持ちや場の状況に対する配慮ができない人だったとしても、相手がカチンとくる何かが、教師の側にもあったはずなのです。それを、「適当に頭を下げて収めておけばいい」と、はじめから相手を理解することを拒絶してしまったのでは、保護者に歩み寄ることができないばかりでなく、その姿勢に対して「誠意がない」と怒りをあらわにする保護者や、「私の言い分は正しかったのだ」と勝手な解釈をして、増長する保護者が出てきても不思議ではありません。まずは、保護者の苦情や要求にしっかり向き合って、自分の悪かったところは素直に認めて謙虚に反省し、誤解のあったところは堂々と言い分を述べ、ときに相手が反省するように導く。それが、相手を敬う態度であり、誠実な姿勢ではないでしょうか。

　困ったとき、いざというときに、担任にもっとも力をあたえてくれるのは保護者です。子どものために、惜しまず協力をしてくれるのも保護者です。保護者は、間違いなく担任の最強のパートナーなのです。

　保護者と教師は、子どもを育てる上で、対等な立場のパートナー。この原点に立ち返って、保護者を恐れたり、敬遠するのではなく、教師のほうから保護者に寄り添っていくこと、保護者を理解する努力をすることが必要です。

　保護者対応が苦手で、どのように向き合っていけばよいか悩んでいる先生方にとって、本書がお役に立つものになれば光栄です。

　　　2015年6月

　　　　　　　　　　　　　　　　　　　　　　　　　　中嶋郁雄

contents

はじめに……………3
Introduction──保護者は、教師の最強パートナー！……………11

Chapter 1 ここを押さえればうまくいく！ 保護者対応「基本の基本」

❶ 小さなサインを見逃さない……………18
❷ 苦情・要望の原因を冷静に見極める……………20
❸「ホウ・レン・ソウ」が大原則！……………22
❹ まずは笑顔で対応……………24
❺ 一人は厳禁！　チーム力、学校組織力で対応……………26
❻ スクールカウンセラーや外部支援機関の活用と留意点……………28
❼ 保護者対応 基本の手順1……………30
❽ 保護者対応 基本の手順2……………32
❾ タイプ別 保護者対応のポイント1……………34
❿ タイプ別 保護者対応のポイント2……………36
⓫ タイプ別 保護者対応のポイント3……………38
⓬ 学年別 保護者対応のポイント……………40
　❖ column 1 ❖「親の気持ちを考えること」が教師の役割……………42

Chapter 2 先手必勝！ よくあるトラブルの対応ポイント

❶ 子ども同士がケンカをしたとき……………44
❷ 子どもがケガをしたとき……………46

contents

- ❸子どもが大きな事故にあったとき……………48
- ❹問題行動を起こしたとき……………50
- ❺学力・成績に大きな問題があるとき……………52
- ❻教師に暴力をふるったとき……………54
- ❼いじめの噂が流れたとき……………56
- ❽発達障害が疑われるとき……………58
- ❖ column2 ❖ 教師の責任の大きさを思う……………60

Chapter 3 学校生活 場面から起きたトラブルの 保護者対応術

- ❶子どもの持ち物が紛失したり、盗難にあったりしたとき……………62
- ❷不登校で学校の対応が悪いとクレームがきたとき……………64
- ❸保護者が平気で子どもを通学させないとき……………66
- ❹子どもの礼儀や行儀の悪さを、すべて学校の責任にされたとき……………68
- ❺学校のきまりを守らない行為を保護者が容認しているとき……………70
- ❻家庭の方針などで、給食の献立などに無理難題を突き付けられたとき……………72
- ❼教材費や給食費を長期滞納したり、払わないことを当然として聞き入れないとき……………74
- ❽担任の指導、またはクラスが子どもに合っていないなどとクレームを言ってきたとき……………76
- ❖ column3 ❖ 不登校を食い止めたクラスの和……………78

contents

Chapter 4 授業場面から起きたトラブルの 保護者対応術

- ❶子どもの成績が上がらないのは、
  先生に指導力がないからだと言われたとき………………80
- ❷授業のレベルが塾に比べて低すぎるなどと、
  指導内容にダメ出しをしてきたとき………………82
- ❸学習進度に影響をおよぼすからと、
  成績の悪い子を特別支援学級などに入れてほしいと
  言われたとき………………84
- ❹発言や発表の指名に「ひいきがあり、
  自分の子どもが活躍させてもらえない！」と
  言ってきたとき………………86
- ❺宿題に対して、課題の量や内容など、
  何かと苦情を言ってくるとき………………88
- ❻子どもが教科書や教材をなくしてしまったから、
  再度、新しいものをもらえないかと
  要求してきたとき………………90
- ❼体育や学級活動など、
  授業中に子どもがケガをしたとき………………92
- ❽テストの採点や通知表の評価に納得できないと
  文句を言われたとき………………94
- ❖ column4 ❖ 誠意は通じるもの………………96

contents

Chapter 5 友達関係 場面から起きたトラブルの 保護者対応術

❶ 子どもがケンカで暴力をふるい、
　一方が大ケガを負ったとき……………98
❷ 子どもがクラスで孤立しているのに、
　適切な対応をしてくれないと言われたとき……………100
❸ いつも力の強い子の言いなりで、
　自宅にも入りびたられていると相談を受けたとき……………102
❹ 友達に金品を要求されていると相談があったとき……………104
❺ 放課後や休日に、商店やゲームセンターなどで
　たむろしていると報告を受けたとき……………106
❻ メールやSNS、インターネットでの
　トラブルの相談をしてきたとき……………108
❼ 集団でのいじめが発覚したとき……………110
❽ 他校の友達と一緒にトラブルを起こしたとき……………112
❖ column5 ❖ 保護者への大きな提案……………114

Chapter 6 学校行事 場面から起きたトラブルの 保護者対応術

❶ 遠足や行事のスナップ写真や集合写真で
　不満を言われたとき……………116
❷ 遠足や社会科見学の途中で
　子どもを見失ってしまったとき……………118

contents

- ❸子どもが社会科見学で施設の物や設備を
  壊してしまったとき…………120
- ❹演劇会や音楽会などで、子どもの役割に
  保護者が不満を言ってきたとき…………122
- ❺運動会で競技ルールに口をはさんだり、
  観戦態度が悪かったりと問題を起こすとき…………124
- ❻修学旅行や林間学校先で子どもが病気になったり
  ケガをしたりしたとき…………126
- ❼特定の学校行事には出席させない他、
  内容の変更や取りやめなど無理な要求をしてきたとき…………128
- ❽運動会や音楽会などの練習中に、
  行きすぎた指導があったのではないかと
  苦情がきたとき…………130
- ❖ column6 ❖ 無力感を味わう…………132

Chapter 7 日頃の努力でトラブル回避！
保護者との関係づくり&連携のポイント

- ❶ちょうどいい距離感キープ！
  保護者との関係づくりは、ここを押さえる…………134
- ❷最初が肝心！
  学級開きにやっておきたい保護者へのアプローチ…………136
- ❸協力体制が必須！
  基本的生活習慣&学習習慣の指導…………138
- ❹保護者を安心させる！
  給食問題の対応ポイント…………140

contents

❺ 心配をあたえない！
　学級閉鎖・学年閉鎖の対応ポイント………142
❻ 心配をあたえない！
　災害発生時の事前準備と緊急対応のポイント………144
❼ 信頼につながる！
　通知表の記載ポイント………146
❽ 熱意と安心感が伝わる！
　授業参観の工夫………148
❾ 参加したくなる！
　保護者会づくりのポイント………150
❿ 失敗しない！
　家庭訪問の鉄則………152
⓫ 教師の思いが伝わる！
　学級通信作りのポイント………154
⓬ 心をつかむ！
　連絡帳へのコメント………156
⓭ トラブルを起こさない！
　ホームページやメール通信のポイント………158
⓮ チーム力がアップ！
　保護者の連携構築のコツ＆トラブル対応………160
⓯ 信頼と協力が築ける！
　PTAとの関わりポイント………162

❖ column7 ❖ 保護者が教師を育てる………164

Introduction

保護者は、教師の最強パートナー！

● ……… 「宝物」を託される重みを感じよう

　この世で一番大切なものは何かと尋ねられたら、あなたは一体何と答えるでしょう。自分の命？　それとも恋人？　仕事と答える人もいるでしょう。しかし、もし、あなたが人の親だとしたら、迷わず、こう答えるはずです。

　「私にとって一番大切なものは、子どもです。何よりも大切な宝物です」

　親が命を賭して、我が子の幸せや命を守るといった話は、古今東西、枚挙にいとまがありません。かく言う私も、我が子に何かあったなら、自分の命を投げ出してでも守りたいと思っています。

　親が子を思う気持ちは、海よりも深く、山よりも高いのです。

　当然、クラスの一人ひとりの子どもが、それぞれの親にとって、自分の命よりも大切な宝物であることは言うまでもありません。我が子が転んでケガをしたなら、「大丈夫、がんばれ！」と、心で泣きながら励ましたことでしょう。体調をくずして布団で苦しんでいたなら、「できることなら、自分が代わってあげたい」と、枕元で一晩中看病したことでしょう。そのようにして、親が大切に慈しみながら育ててきた子どもの前に、私たち教師は立っているのです。大切に育ててきた「宝物」が、さらに輝きを放つようにと願う親の期待を背負っているのです。そう考えると、教師という仕事が、単に子どもの前に立って、国語や算数を教えていればそれでよいとは、思えなくなります。

　私たちは、命よりも大切な「宝物」を、親から託されていることを忘れず、その重みを感じながら、子どもの指導に当たらなくてはなりません。

●‥‥‥‥保護者の立場を理解しよう

　自分の子どもが、学校でどのような生活を送っているのか、気にならない保護者はいません。自分とは育った環境も価値観も異なる者が、教師として、担任として、日々多くの時間、我が子の指導に当たるのです。保護者からすれば、「どうして、あんな指導をするの？」「なぜ、ここで厳しく叱るの？」と、理解に苦しむことが出てくるのは当然のことでしょう。大切な我が子のこととなれば、冷静さを失って感情をむき出しにし、相手に向かっていくのが親というものです。そうした姿が、ときに「クレーム」と受け止められ、教師から警戒され敬遠される保護者として見られてしまうのです。しかし、理由がよく理解できないまま、自分の子に納得のいかない指導をされたと感じれば、どんな保護者でも、相手の教師に不信感を覚えるのが当然でしょう。

　もし、教師が、日頃から、自身の教育観や子ども観、指導方針などを保護者に理解してもらうように努めていたら、「自分は、こういう教師なのです」と人となりを理解してもらうように努めていたら、結果は、大きく異なるはずです。ですから、過度に常識外れな苦情を申し立てる人は別として、保護者を「クレーマー」や「モンスターペアレンツ」にしてしまっている責任は、教師にもあると考える必要があります。

　教師には、教師の立場があるように、保護者には保護者の立場があります。苦情を申し立てる保護者や、学校・教師に良い感情をもっていない保護者には、相応の理由があるのです。もしも、保護者対応に悩むことがあったら、一度、保護者の立場になって、物事を考えてみることが必要です。

● ……… **敵も味方も自分が創る**

　保護者からの苦情は、何も最近になって始まったことではありません。昔から、学校のある所には苦情は必ず存在しました。ところが、価値観の多様化、保護者の過剰な権利意識、教育のサービス視、学校・教師の権威失墜……さまざまな原因が考えられますが、特に近年は、保護者への対応に苦慮する教師が増えていると耳にします。

　もちろん、保護者の苦情の中には、到底受け入れ難いものもあるとは思います。しかし、私には、学校や教師が、あまりにも保護者を意識しすぎているように思えてなりません。とにかく、苦情が出ないように、問題にならないようにと、どんな些細なことにも神経をすり減らしているように思えるのです。まるで、保護者を、恐ろしい怪物でもあるかのように、妙に気を遣いながら接している教師の何と多いことか……。

　「幽霊の正体見たり枯れ尾花」

　怖いと思っていると、その気持ちに支配されて、相手のことを恐ろしい強大な敵だと思い込んでしまいます。現在の、保護者に対する教師の姿勢は、まさにこの状態ではないかと思うのです。

　「保護者は敵。油断のならない相手。気を付けよう」

　そんな気持ちでは、保護者と理解し合い、連携しながら子どもを育てていくことなど、夢のまた夢です。

　相手に苦手意識をもってしまうと、相手も教師のことを苦手に感じてしまうものです。反対に、こちらから握手を求めれば、相手も悪いようには思いません。敵と思えば、相手は敵になり、味方と思えば、味方になる。人間とは、そういうものではないでしょ

うか。
　保護者を味方につけるか、敵に回すかは、学校・教師の心持ち次第とも言えるでしょう。

●……… 誠意をもって当たる

　ときに、教師が返答に困ると分かって、わざとクレームをつけてくる保護者がいますが、無茶なクレームを申し立てる相手は、じつは、自分が無茶を言っていると分かっているのです。
　どんなに無理な要求を突き付けられたり、無茶な理由で苦情をまくし立てられたりしたときでも、「相手が保護者だから」「今後の付き合いもあるから」などと、誰が考えても納得のいかない要求を受け入れたり、謝罪したりして、その場を収めたいと思ってしまうことはないでしょうか。保護者の中に、自分勝手で無茶苦茶な要望を伝えてくる人が増えているのは、もしかすると、学校や教師が、そうした筋の通らない要望やクレームに対して「その場が丸く収まるのなら」と、事なかれ主義的な対応をしてきてしまったことが原因の一つになっているのかもしれません。
　保護者も同じ人間、人の親です。たとえ相手がどのような人であっても、同じ人間として、善悪の別や、正義・正当性などの理屈を理解することはできるはずです。もしも、無理難題を突き付ける保護者がいても、「無理なものは無理」「理屈に合わないことはできない」と、筋を通す姿勢が大切です。もちろん、表現の仕方は選ばなくてはなりませんが、それが、相手に対しての誠実な姿勢であり、その結果として、自分を守り、学校を守り、教育を守ることになるのです。
　「至誠にして動かざる者は、未だ之れ有らざるなり」

誠実に、後ろ指をさされることのない行いをしていれば、たとえそのときには、保護者から悪し様に言われようと、批判されようと、「ウソのない誠実な人だ」「信頼に足る人だ」と、理解されていくのが人間というものではないでしょうか。

　保護者は、子どもの成長を一番に願っている存在です。そうであっても、自分の子どもが成長するためには、学級集団が成長しなくてはならないことに気付いていない保護者が多いのが実情です。集団を育てながら個を育てるのが、私たち教師です。保護者と教師が共に手を取り合い、協力して子どもを育てることで、教育効果はぐんと高くなります。
　「保護者は、教師の最強パートナー！」
　何よりも心強い味方という姿勢で付き合う気持ちが大切です。

Chapter 1

ここを押さえればうまくいく！
保護者対応「基本の基本」

苦情を言ってくる保護者への対応を間違えると、大きなトラブルに発展しかねません。教師も保護者も、お互いに「話してよかった」と思えるように、対応のコツを押さえておきましょう。

Chapter 1 ここを押さえればうまくいく！ 保護者対応「基本の基本」

小さなサインを見逃さない

トラブルは、初期段階で対応することが基本です。そのためには、トラブルの芽となる小さなサインをいかにキャッチできるかが重要になります。

★………指導後は子どもの様子をしっかり観察

特に子どもを厳しく指導した後は、必要以上に落ち込んでいたり、指導に不満を抱くような表情をしていたりすることがあります。あからさまに、態度に表さなくても、いつもの元気を取り戻せない時間が長かったり、普段よりその子との距離を感じたりすることがあります。

このような、子どもから発せられるわずかなサインをしっかりキャッチすることができるかどうかが、保護者対応の根幹に関わってきます。指導した後は、いつも以上に子どもをしっかり観察し、様子がいつもと違ってはいないかどうか、感じられるように努めましょう。

★………納得度合いを予測する

ケンカなどの友達関係のトラブルは、双方の言い分が異なることが多々あります。互いの主張が異なり、受け止め方が異なるために、ぶつかり合いのトラブルになるのです。単に形式的に謝罪させただけでは、双方とも納得しないままになってしまうおそれがあります。納得しないまま下校させると、自分勝手な解釈が保護者に伝わり、後に大きなトラブルに発展してしまうことがあります。それを防ぐために、子どもが教師の指導をどれくらい納得しているのか、予測する必要があるのです。

威圧的にならないように気を付けて、子どもが本音を出しやすいようにすると、サインの見逃しが少なくなります。

★……連絡帳は「重大なもの」として受け取る

　保護者から届けられる連絡帳へのメッセージは、「重大なもの」として受け取るように心がけましょう。たとえ欠席の連絡であったとしても、保護者が担任に送ってきた「我が子を見てほしいサイン」と考えるようにします。なによりも、親が子どもを心配する気持ちをしっかり受け止めることが大切です。そして、返信文章には子どもの容体を気遣うひと言を書き入れたり、放課後には電話連絡をしたり、可能ならば家庭訪問をしたりと、誠意が伝わる対応を心がけます。

　指導に対する質問や友達関係についての相談であれば、相当に重大なメッセージととらえ、全力で対応するように心がけましょう。

かすかなサインに気付き、できるだけ早めに対応することが、トラブルの早期解決につながる！

＋one point！

このところ元気がない、イライラしているなど、子どもに気になる様子が見られたら、しっかり観察するように心がけたり、努めてその子と関わるようにして、原因の把握に努めましょう。

Chapter 1　ここを押さえればうまくいく！　保護者対応「基本の基本」

苦情・要望の原因を冷静に見極める

　感情的になった保護者からの電話や来校に遭遇すると、パニックに陥ってしまい、冷静さを欠いた対応になりがちです。まずは落ち着きを保ち、苦情や要望の原因をしっかり見極めるように努めましょう。

★………最悪の事態を想定して臨む

　感情的になり、信じられないほど乱雑な言葉や態度で苦情や要望を訴える保護者がいます。その勢いに圧倒されてしまうと、パニックに陥り、対応に冷静さを欠いてしまうおそれがあります。ここで冷静さを失っては、事実確認もままならないまま、苦情をまるごと受け入れてしまったり、相手の要求を承諾してしまったりすることになりかねません。冷静になってから対応を考えても後の祭りです。その後、訂正や修正をしようとしても、「あのとき、学校は了承したはず」と、逆戻りがきかないたいへんなトラブルに発展してしまいます。

　そうならないために、保護者の来校や連絡があったときは、最悪の状況が起こり得るくらいの気持ちで落ち着いて構え、場に臨みましょう。

★………まずは、相手の言い分を受け入れる

　苦情や要求を言ってくる保護者は、態度に表すか否かは別にして、少なからず感情的になっているものです。ですから、このような保護者の言い分には、じっくり丁寧に耳を傾ける姿勢を示すことが大切です。話の途中で、事実確認を行ったり、反論したりしてはいけません。相手は、ますます感情的になり、話がこじれてしまいます。たとえ、事実と異なることをまくし立ててきたとしても、穏やかな態度で聞くようにします。すると、そのうち保護者のほうも自然に気持ちが収まり、冷静さを取り戻します。そこから、本当の話し合いがスタートすると心得ましょう。

★⋯⋯⋯真意を推し量る

　例えば、些細な苦情を何度も言ってくる保護者がいたとします。その際の対応ポイントとしては、まず、その保護者のこれまでの言動や子どもと自分との関わり方を思い浮かべてみるようにします。すると、問題の根は、「自分の子どもに、もっと目をかけてやってほしい」という保護者側の気持ちにあることが推測できます。こうした保護者には、苦情があるごとに対応するのではなく、もっと子どもと関わる時間を教師が増やすことで、苦情は自然になくなっていきます。

　個々の事例について対応をすることも必要ですが、そもそも苦情の原因が何なのか、学校に要望する真意は何なのか、保護者の言葉や文章から、あらゆる可能性を推理して対応に当たることが重要です。

苦情や要望の原因をよく考えることで、問題の「根」が分かり、効果的な対応ができるようになる。

＋one point !

長年、子どもの指導に当たってきたベテラン教師は、その経験から得た知識やスキルで、問題の原因を推測する力に長けています。些細な苦情や要望でも、必ず学年主任や生徒指導主任などに相談するようにしましょう。

Chapter 1　ここを押さえればうまくいく！　保護者対応「基本の基本」

「ホウ・レン・ソウ」が大原則！

　保護者対応では、管理職の判断が必要な場合や、学校全体で対応しなくてはならない場合が、多々あります。事が大きくなってから報告したのでは、手遅れになってしまいます。

★………苦情や要望は、恥ずべきことではない

　保護者から苦情があると、子どもへの指導力が不足していると言われているような気がして、ときに教師自身にも、妙なプライドが頭をもたげてくることがあります。それで、保護者から出てきた苦情や要望を同僚に秘密にして、自分だけで対処してしまうような状況が多々あります。しかし、子どもと真剣に向き合っていれば、保護者とぶつかることもあって当然です。もちろんベテランの教師であっても、苦情や要望が出ることはままあります。それは、決して恥ずかしいことではありません。下手に隠して対応を誤り、表に出たときには、解決が困難な状況になってしまうことのほうが問題です。特に新任の頃はもちろん、些細なことでも報告を怠らないことです。

★………さまざまな「立場」や「考え」で対応するために

　もし、自分一人だけで、保護者からの苦情や要望に対応しようとすると、担任としての立場からでしか、保護者の気持ちや対応の仕方を考えることができません。特に保護者からの苦情や要望のなかには、学校として取り組まなくては解決できない可能性をもつものも多々あります。そのためには、学年主任、生徒指導主任や管理職など、さまざまな考え方や立場から、対応の仕方を検討しなくてはなりません。
　自分だけで解決できるなどと、思い上がることのないよう、困ったり迷ったりしたときは、すぐに相談するように心がけましょう。

★……組織対応の指示系統を確認

　それぞれの学校において、トラブルが起きたとき、教師一人が抱え込むことのないように、保護者の苦情や要望の重さによって学校組織がどのように動くのかが決められているはずです。もしも、指示系統があやふやであれば、生徒指導主任や管理職に相談をして、組織としての対応の仕方を明確に示し、職員全体の共通理解が得られるようにしてもらわなくてはなりません。

　担任や学年だけで対応できそうもない事案は、誰に相談すればよいのか、具体的にどのように対応すればよいのか、また、話し合いの場がどのように設定されているのかなど、すぐにでも確認し、いざというとき、迅速に行動できるように準備しておきましょう。

「ホウ・レン・ソウ」を徹底することで、さまざまな保護者の様子や対応の仕方などに共通理解が生まれ、ぶれない対応ができる。

＋one point！

若くて経験が未熟な頃に限らず、年齢を重ねてベテランと言われるようになっても、保護者対応については他の教師に相談して、知恵や経験を借りることで、教師としての力量を高めるように心がけましょう。

Chapter 1　ここを押さえればうまくいく！　保護者対応「基本の基本」

まずは笑顔で対応

　相手が敵意むき出しであると、身構えて臨戦態勢に入るのが人間というものです。反対に笑顔で迎えられると、気持ちが和らぎ、敵対する気持ちも薄らいでいきます。保護者対応の基本は、とにかく笑顔です。

★………苦情を言ってくる保護者の「覚悟」を認める

　ほとんどの保護者が、できることなら、我が子の担任とは良い関係を築きたいと思っています。担任と良い関係を保つことが、我が子と担任が良い関係を築くことになると分かっているからです。それにもかかわらず、苦情や要望を言ってくるのですから、それは相当な覚悟の上であると考えましょう。そう思うことによって、保護者の願いや思いを理解することができるようになります。すると自然に、「よく来てくれました。お子さんのために話し合いましょう」という気持ちになり、穏やかな表情で保護者を迎え入れることができます。

★………笑顔で相手の気持ちを和らげる

　感情的になっている保護者や、「ひと言、物申しておこう」と意気込んでいる保護者に対して、「相手に負けてなるものか」と、あからさまな態度を見せるのは避けましょう。教師が戦闘モードで臨むことは、相手の気持ちをさらに過激にするだけです。たとえこちらの言い分を通して話し合いを終えたとしても、その場限りのことで、相手の不信感を取り去ることにはなりません。感情的になっている保護者に対してこそ、穏やかに笑顔で対応しなくてはなりません。その姿勢により、相手は「闘う」気がそがれ、冷静さを取り戻していくのです。

★………共感の気持ちを伝えながら聞く

　笑顔で迎え入れた後は、穏やかな表情で相手の話を聞くように心がけます。相手の話に時折うなずいたり、一緒に考える姿勢を見せたりすることで、「あなたの話に共感していますよ」というメッセージを伝えるのです。共感しながら聞いてくれる相手は、自分にとって味方になる人だと感じるものです。苦情を言いにきた保護者も、教師が気持ちを理解してくれていると分かれば、「一緒に考えてくれるのだ」と感じるようになります。すると、教師の考え方や問題解決に向けての提案も、すんなりと受け入れてもらえるようになるのです。

　保護者の苦情を拒絶するのではなく、共感して聞くように努めて心がけましょう。

感情的になっている保護者には、努めて穏やかに対応し、共感しながら話を聞くことで、冷静な話し合いが可能になる。

＋one point !

保護者は、子どもを心配して苦情を言ってきます。ですから、時折、「心配をおかけしましたね」「確かに、心配ですよね」などの相手を思いやる言葉をかけることで、保護者の気持ちはずいぶん収まるものです。

Chapter 1　ここを押さえればうまくいく！　保護者対応「基本の基本」

一人は厳禁！
チーム力、学校組織力で対応

　保護者の苦情や要望に教師が一人で対応すると、思わぬ行き違いや勘違いが起きたとき、事実確認や対応についての双方の認識が異なる危険性もあり、後に大きなトラブルになることがあります。

★………チーム対応で、確実性を保障

　保護者への対応は、必ずチームで行うのが鉄則です。保護者の苦情や要求に一人で対応してしまうと、事実と異なることを承認してしまったり、相手に都合よく話を進められたりするおそれがあります。また、事実や対応についての認識にずれが生じるおそれもあります。ですから、話し合いの場には、必ず学年主任や生徒指導主任、場合によっては管理職に同席してもらいましょう。他の教師には、場の雰囲気を和ませてもらったり、記録を取ってもらったり、事実確認を行ったりしてもらうのです。複数で対応することが、共通認識をより正確なものにしていくということにつながり、後の「言った、言わない」の水掛け論を防ぐことにもなります。

★………大切な「潤滑油」の役割

　チームで対応することのメリットは、担任と保護者との話し合いが緊迫した雰囲気になったとき、他の誰かが一人でもいることで、「ガス抜き」ができることです。例えば、その人のほうを見て視線を一時和らげたり、話題を変えたり、ときには相づちを求めたりすることで、深刻な話題を落ち着かせたり、場の雰囲気を和らげたりすることができます。第三者的な立場から、経験に基づいた意見や対応についての助言などをもらうこともできます。
　チームで対応することは、担任だけではなく、保護者にとってもありがたいものだと頭に入れておきましょう。

★………事実確認と事後対応の共通認識をもつ

　一通り話し合いを終えると、保護者も担任も、互いの考えを分かり合えた気がして、充実感にも似た感覚に陥る場合さえあります。しかし、話し合いは、あくまで問題を解決するための過程にすぎません。話し合いが終わったからと、すべてが「終わった」という気になってはいけないのです。話し合いの過程で、「何があったか？」「何が問題だったか？」といった事実確認をし、話し合いの後で、「以後どのような対応をとるべきか」についての共通認識をしっかりもたなくてはなりません。この確認と共通認識の形成には、客観的かつ冷静に話し合いに参加することのできる教師が、大きな役割を担うのです。

チームで対応することで、共通認識が確実に深められ、問題解決がスムーズに進むことになる。

＋one point！

チーム対応が必要といっても、あまりに多数での対応は避けましょう。保護者に威圧感をあたえてしまい、後のトラブルにつながる危険があります。対応は３名くらいが基本です。

Chapter 1 ここを押さえればうまくいく！ 保護者対応「基本の基本」

スクールカウンセラーや外部支援機関の活用と留意点

　近年、教師や学校だけでは対応できない、子どもや保護者に関する問題が増加しています。スクールカウンセラーや、各市区町村に設置されている支援機関を活用し、連携して取り組みましょう。

★………校長の指揮下内で連携する

　子どもや保護者の悩みを受け止め、精神的な負担を和らげるために、スクールカウンセラーが全国に配置されています。スクールカウンセラーには、保護者からの相談については守秘義務があると同時に、報告義務もありますが、正直、「もっと早くにカウンセラーから情報を得ていれば、しっかり対応できたのに」ということがないわけではありません。そうならないためにも、学校としての子どもや保護者への対応方針を、カウンセラーにしっかり伝え、校長の指揮下内での情報の共有や研修への参加を了承してもらうことが必要です。そのためには、教師とカウンセラーという立場だけに終始しない人間関係づくりを、日頃から進めることが大切です。

　学校とカウンセラー、双方の立場から子どもと保護者をサポートすることで、効果的な指導や支援が期待できます。

★………教育委員会と常時連携

　子ども家庭支援センターや市区町村の関連機関、民生委員など、外部のサポート機関といっても、どのようなサポートを受けることができ、どのように連携することができるのか、教師でも、分かりにくいことばかりです。どのような機関があるのかさえも十分に把握できていないのが実情でしょう。外部機関の支援を得る場合は、やはり教育委員会を通すことになります。いじめや不登校、暴力や万引きなどの事案、児童虐待などについては、必ず教育委員会に報告・連絡・相談です。重大な事案に限らず、日頃からの報告や

相談が、スムーズな対応につながるケースが多々あります。

★………とにかく行動！ フットワークを軽く

外部の支援機関や人材に協力を得たり連携したりしようとすると、いつにもまして慎重にならざるを得ません。それで、なかなか実行に移すことができなくて、連絡や相談をする時期がどんどん遅くなってしまいます。慎重を期して作戦をしっかり立てることは、もちろん大切です。しかし、あまりにも慎重になりすぎて、年度当初からの懸案が、２学期に入っても進展がないというのでは、本末転倒です。外部機関に協力を得て、連携しながら対応を進めようと思えば、とにかく行動です。まず連絡を取って、報告と相談をしながら、対応を共に検討していくことが大切です。

まずは、教育委員会に報告と相談を。「気軽に相談してみよう」というくらいフットワークを軽く。

＋one point！

平成25年９月28日に施行された「いじめ防止対策推進法」で、いじめの防止、早期発見、対処のための自治体や、学校の対応策が義務化されました。再度、いじめ対策の関係機関との連携について確認しておきましょう。

Chapter 1 ここを押さえればうまくいく！ 保護者対応「基本の基本」

保護者対応
基本の手順 1

保護者対応には、「予防」「発生時」「事後」の三段階があります。三段階それぞれで、細かな対応の仕方は異なりますが、「相手目線での対応」「誠意ある対応」が根底になくてはなりません。

★……「担任理解」が最善の防止策

　子どもへの接し方や指導について、その根底にある担任の考え方を、保護者に理解してもらっていないことが教師不信につながり、苦情がきたときの対応を困難にしてしまいます。保護者に不安や誤解をあたえないように、日頃から、指導の基にある考え方（教育観・指導観）を理解してもらうように努めなくてはなりません。気付いたときに、特に学級通信や保護者会で、具体的な指導場面を紹介しながら伝えることに努めましょう。日頃からの関係づくりが、クレームの防止になり、スムーズな対応につながります。

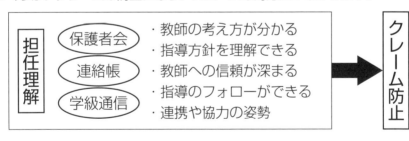

★……迅速かつ丁寧な対応で安心感を

　苦情を言ってくる保護者は、できる限り早く問題解決に向けて対応してほしいと強く思っています。その一方で、問題が深刻であるほど、解決に時間がかかることも分かっています。ですから、私たちは、保護者の願いを汲み取って、真摯な姿勢で対応しなくてはなりません。保護者が苦情を申し立てるに至った原因を振り返り、自身の指導を見つめ直さなくてはなりません。相談

事においては、問題解決に向けての方向性を提案し、できる限り具体的な解決策を共に考えなくてはなりません。迅速かつ丁寧な対応が、教師の誠意を伝えることになり、保護者に安心感をあたえます。

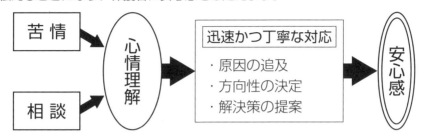

★………事後観察をしっかり行う

　問題の解決に向けて、細心の注意を払い、慎重に対応するところまでは、当然のこととして取り組むことができます。ところが、問題が一通り解決すると、そこで終わったと考えてしまいがちです。そこに隙が生まれるのですが、ここで気を緩めてはいけません。保護者は、教師の「その後」を、より厳しい目で見ています。問題が解決した後も、「自身の指導方法を振り返る努力を怠らない」「子どもの様子を観察する」「些細な変化に敏感になって対応する」などのフォローが必要です。事後のフォローが保護者からの信頼を深め、後のクレーム防止につながります。

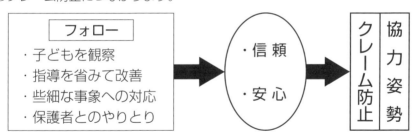

＋one point！

理想や正義感に燃えて、あるいは逆に、その場から逃れたいという気持ちから、後先を考えずに回答することがあってはなりません。軽はずみな言動が、後に大きなトラブルの種になってしまいます。

Chapter 1　ここを押さえればうまくいく！　保護者対応「基本の基本」

保護者対応
基本の手順 2

事案の内容によって、連絡帳や電話で対応することもあれば、来校してもらったり、家庭訪問をしたりして、直接顔を合わせて対応することもあります。対応の仕方に応じた基本の手順を知っておきましょう。

★………来校した保護者は笑顔で迎え、笑顔で送る

　保護者にとって、学校はなかなか行きづらい場所です。たとえ、些細な用件だと思えても、「忙しい中、お子さんのためにようこそ！」という精神で迎え入れるように心がけましょう。特に苦情や要望を伝えにやってくる保護者にこそ、笑顔で対応し、相手の気持ちを和らげ、冷静に話し合う雰囲気をつくることが大切です。そして、教師も保護者も、笑顔で話し合いを終えることをイメージしながら対応しましょう。

　「笑顔で迎え、笑顔で送る」が、来校者への対応の基本です。

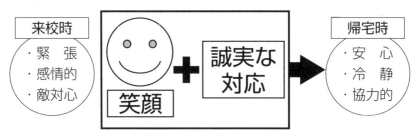

★………電話対応は「聞き役」「受容」がポイント

　電話は、相手の表情が見えません。だからこそ、「いつもお世話になっております」のひと言や、明るく穏やかな声色が必要です。相手の気持ちを和らげ、親近感をあたえて、本題に入りましょう。

　相手が感情的になっていることもありますから、もっとも大切なことは、「聞き役に徹する」ことです。反論したり説得しようとしたりすると、解決でき

る問題もこじれて、大問題になるおそれがあります。

★………先手必勝の家庭訪問を

　切羽詰まった状況になって初めて家庭訪問をする、ということを時折耳にします。しかし、問題がこじれて状況が悪化してからでは、時すでに遅しです。保護者の感情を収めるのに、相当な労力を要してしまいます。トラブルが起きて、「早く話しておいたほうがよい」と少しでも感じたら、迷わず家庭訪問です。先んじて家庭訪問をするのと、保護者が感情的になってから行うのとでは、後の労力や結果が180度異なると言っても過言ではないでしょう。家庭訪問は、「先手必勝」です。

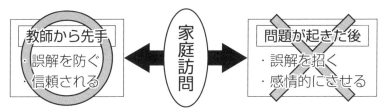

★………校内対応の手順を把握

　学校は組織で動いています。特に保護者への対応では、学年主任や生徒指導主任、管理職などのフォローが必要になる場合がほとんどです。勝手に一人で行動して、後になって問題がこじれてからでは、解決が困難になってしまいます。保護者対応の手順はどうなっているか、いの一番に勤務校の対応手順を確認し、把握しておくことが必要です。

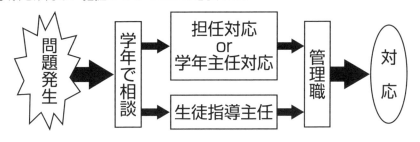

Chapter 1　ここを押さえればうまくいく！　保護者対応「基本の基本」

タイプ別
保護者対応のポイント1

保護者の中には、年齢の高い人もいれば、20代になったばかりの若い人もいます。また、シングルマザーやシングルファーザーもいますし、祖父母である場合もあります。最近では、在日外国人も増えてきました。現在は、さまざまな立場の保護者に応じた対応が必要な時代です。

★………年配の保護者には

　若い教師にとっては、自分の親とさほど年齢が離れていない保護者もいます。年配の保護者を前にすると、引け目を感じてしまいがちですが、教師という立場からの子どもの見方や指導については、相手に「任せて大丈夫！」と感じてもらえるようにならなくてはなりません。子どもをよく観察し、子どもと活動を共にして、若い教師にしかできない指導・学級経営を行い、保護者に伝えます。年配の保護者ほど、情熱的で一生懸命な教師を応援してくれるものです。

★………若い保護者には

　20代になったばかりの若い保護者の中には、子どもの親としての自覚に欠ける人も少なからずいます。このような保護者と一度トラブルを起こしてしまうと、自分勝手な権利意識を前面に出して、手に負えなくなることも多々あります。一方で、信頼している人の話には、素直に耳を傾ける傾向がありますから、若い保護者への対応は、「認める・ほめる・受け止める」ことで、「私はあなたの味方ですよ」と感じさせることです。保護者の怒りや悩みに共感しながら、一緒に問題を解決していく姿勢で臨みましょう。

★………シングルマザーには

　女性一人で子どもを育てることは、たいへんなことです。並大抵のことで

はありません。しかし、ときに、我が子に期待をかけすぎて、厳しすぎる人もいれば、目が行き届かずに放任気味になっている人もいます。どちらにも共通しているのは、余裕がない場合がほとんどであるということから、「お母さんに感謝していると思います」「お母さんの気持ちを分かっていると思います」といった親の苦労やがんばりを認めるひと言が必要です。

★………シングルファーザーには

子どもの服装や持ち物など、細かいところにまで目が行き届かない場合がよくあります。男性が小学生の幼い子、特に女の子を育てるのは、本当に難しいと感じます。服装や持ち物、学校での友達関係や学習の様子などの情報を詳細に伝えたり、教師が協力できるところは可能な範囲でサポートするなどのフォローを心がけましょう。あなたが男性なら、女性の教師の協力も得て、学年ぐるみで応援していきましょう。

★………祖父母には

このような家庭には、それなりの事情がありますから、年度始めに話し合いの機会を設けるなどして、可能な限り正確に事情を把握し、子どもの指導に生かすように心がけます。他の保護者との交流も少なくなりがちですから、「いつでも尋ねてきてください」と伝え、学校との結びつきが強くなるようにフォローします。また、子どものがんばっている様子や、楽しんでいる様子を伝えて、安心してもらいましょう。

★………在日外国人には

在日外国人の保護者とは、言葉や文化の違いが壁になることが多々あります。連絡が届かない、意図したことを理解してもらうのが難しいといったことがよく起こります。言語が通じにくい場合はもちろんのこと、文化の違いによる意思疎通の困難さなども、一人の教師で対応できるものではありません。学年や学校組織で、翻訳文の作成や通訳を交えた話し合いなど、特別な対応をとる必要が出てきます。もちろん、保護者に限らず子どもへの対応にも、配慮しなくてはなりません。

Chapter 1 ここを押さえればうまくいく！ 保護者対応「基本の基本」

10 タイプ別 保護者対応のポイント2

一口に「保護者」と言っても、性格や考え方はさまざまです。ほとんどの保護者は、常識をわきまえた話せば分かる人ですが、それでも、なかには道理が通らない困った人もいます。困ったタイプの保護者には、その人に応じたやり方で対応する必要があります。

★………見下し系

自分は教育や子育てのベテランであるとでもいうように、人を見下す態度をとる保護者がいます。なかには、教師というだけで見下す、高学歴・高収入の人もいます。このタイプは、「相手に認められたい」という気持ちを強くもっています。ですから、相手が知識をひけらかした場合、「そうですか」「勉強になります」というひと言が効果的です。認められることによって、自然に心を許し、教師の言い分にも耳を傾けてくれるようになります。決して、相手と張り合わないように心がけましょう。

★………被害妄想系

教師が子どものためにと伝えた助言に対して、「先生は、我が子を嫌いなのだ」などと、悪い方にばかり考える保護者がいます。このような人には、回りくどい言い方や、遠慮した態度で接するのを避け、できる限り明確に、要望や協力要請をズバリと伝えるようにしましょう。加えて、子どもの良い面も必ず伝えます。「悪いことは悪い。良いことは良い」とはっきり伝えることで、「先生は裏のない人だ」と理解してもらえ、相手は余計な詮索をしなくなります。

★………感情爆発系

先刻まで穏やかに会話していたと思ったら、急に感情を爆発させる保護者

がいます。表情や態度にはあまり表れませんが、会話しているうちに、徐々に感情が高ぶっていき、限界点に達して爆発するといった具合です。このようなタイプだと気付いたら、見かけの表情や態度に惑わされず、「いつ爆発するか分からない」と心づもりをしておきます。そして何よりも、爆発させないように、態度や言葉遣いには十分心がけ、言葉を選びながら真摯な姿勢で接するようにしましょう。

★………溺愛系

　我が子のことを、「賢くて、優しくて、正しい行いができる」と信じて疑わない保護者がいます。子どもも、親の前では常に「良い子」を演じているので、トラブルが起こると、「悪いのはすべて周り」となってしまいます。ですから、本来の子どもの姿を認識してもらうために、些細なトラブルであっても必ず伝え、いざ大きなトラブルが起きたときに、「うちの子に限って」とならないようにしておくことが大切です。

★………暴力系

　電話に出るなり怒鳴り散らしたり、いきなり学校に怒鳴り込んできたりして、苦情や要望をまくし立てる保護者がいます。このタイプの人は、一通り言いたいことを言った後は、落ち着く場合がほとんどです。圧倒され、萎縮しそうになりますが、まずは話を合わせて受け流しながら、相手の感情が収まるのを待つことに専念します。対応に本腰を入れるのは、冷静になった後です。

★………大人子ども系

　保護者としての自覚や社会人としての責任感に欠け、お願いしたことを守ってくれなかったり、自分勝手に物事を解釈する、そんな無責任な保護者がいます。このタイプの保護者には、「積極的に接触する」ことです。例えば、提出物や回答が教師の手に届くまで、連絡帳や電話だけではなく、家庭訪問をしてでもやり遂げてもらうようにします。子どもへの指導と同じように、「できるまで、必ずやってもらう」「分かるまで、何度でも説明する」が基本です。

Chapter 1　ここを押さえればうまくいく！　保護者対応「基本の基本」

タイプ別
保護者対応のポイント3

　保護者の中には、家族関係や経済状況に悩みを抱える人もいます。肉体的、精神的に問題を抱えている人もいて、それらが子育てや教師との関係に良くない影響を及ぼしている場合が多々あります。問題を抱えている保護者への対応には、慎重を期さなくてはなりません。

★………家庭にトラブルを抱えている保護者

　夫婦関係や嫁姑関係、親子関係などの家庭のトラブルが、子どもに良い影響をあたえるはずがありません。「子どもの様子がおかしい」と感じることがありますが、その原因のかなりの割合を、家庭内のトラブルが占めています。まずは、子どもの精神状態が安定するように、保護者に協力を得なくてはなりません。教師が家庭事情に立ち入るわけにはいきませんから、「子どもが心配」という教師の思いを伝えて、保護者自らが、子どもへのフォローの必要性に気付くように導くことが大切です。

★………金銭的な問題を抱えている保護者

　給食費や教材費の口座引き落としなどができず、集金できない。何度催促しても、なかなか支払いをしてくれない……。そのような保護者の中には、金銭的な問題を抱えている人がいます。生活保護や就学援助の制度があるので、給食費や教材費は保障されているはずですが、教師のほうから厳しく取り立てることはできません。何度か催促して、ダメだったら、担任一人が抱え込む問題ではありませんから、管理職に協力をお願いしましょう。

★………身体に障害や病気がある保護者

　保護者の中には、身体が不自由な人や、大きな病気を患っている人もいます。保護者参観や学校行事などで、保護者が来校する際、うっかり、このような

保護者への配慮を忘れてしまうことがあります。相手からすれば、自分自身への配慮が足りないと思うだけにとどまらず、子どもや弱い立場にいる人への配慮が欠けているととらえてしまうおそれもあります。どんな人にも気持ちよく来校してもらえるように、さまざまな立場を考えた対応に努めることが大切です。

★………精神を病んでいる保護者

　精神的な病を患っている保護者が増えています。一概には言えませんが、精神を病んでいる人は、日によって、気分によって、態度が異なることがよくあります。あるときは、穏やかで協力的なのですが、次に会ったときは、まるで別人のようになっている……。こうしたことがよくあります。精神を病んでいる保護者には、特に調子が悪いと感じたら、あまり深く考えないで、話を聞くことに徹しましょう。

★………虐待が疑われる保護者

　子どもとの会話の中から、家庭の様子にそれとなく探りを入れたり、持ち物や衣類、身体をさり気なく観察したりします。ただし、虐待が疑われても、学校から直接保護者に確認をとるようなことはしてはいけません。管理職や教育相談部などに報告をして、学校ぐるみで対応しましょう。教育委員会に報告・相談をしながら、子ども家庭支援センターや民生委員などの外部機関と連携して対応していくことになります。

★………こだわりが強すぎる保護者

　食べ物や子育て、信仰などに強いこだわりをもっている保護者がいます。学校には学校の事情がありますが、このような保護者と、こだわりの強い部分で意見を闘わせるのは避けましょう。それ以外のところで、協力をして、良好な関係を築いたほうが、子どものためになります。

　他の子と行動を共にできない場合は、学校の事情を理解してもらい、保護者の考えで子どもの行動を決めてもらうようにしましょう。

Chapter 1　ここを押さえればうまくいく！　保護者対応「基本の基本」

学年別 保護者対応のポイント

低学年の子どもをもつ保護者と、高学年の子どもをもつ保護者とでは、苦情も、教師への要望も異なります。教師が、子どもの発達段階に応じて指導のポイントを変えるのと同様に、どの学年の子の保護者なのかによって、対応のポイントは異なります。

★………低学年：「丁寧な説明」と「頻繁な情報提供」

　我が子を小学校に通わせるのが初めてという保護者が少なくありません。低学年の保護者というのは、教師が思う以上に何から何まで分からず、不安を抱えているものです。それで、教師からすると、「そんなことまで？」と思えるような些細なことでも苦情を言ってきたり、質問をしたりしてきます。ですから、低学年の保護者には、丁寧な説明と、学習や行事での子どもの様子などの情報を頻繁に提供して、安心感をもたせることが対応のポイントです。

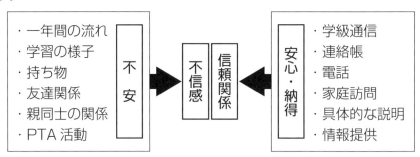

★………中学年：「核」をもっての対応を

　中学年になると、自我が目覚めてきます。知恵もついて、親や教師に、自分に都合良く報告するようになってくるのもこの時期です。また、友達関係も少し複雑になり、行動範囲も広がって、保護者の心配も増えてきます。こ

の時期の子どもの保護者には、「子どもが自分で気付くのを待ちましょう」「自分で解決させてみましょう」「失敗も勉強です」という言葉で、自我の目覚めによる反抗心や悩みが子どもの行動の「核」となり、影響していくこと。また、それは正常な成長の過程であることを理解してもらうようにすることを、念頭において対応することが大切です。

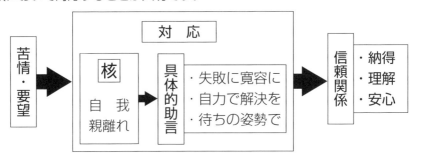

★………高学年：子ども中心で考える

　高学年の保護者には、子どもの自律を核にして対応することが基本です。「厳しい指導で、子どもがショックを受けた」などの苦情に対しては、「厳しくした理由は、本人に伝えてあります」「本人と話して納得してもらいます」というように、子ども自身の気持ちを重視した指導の必要性を、保護者に理解してもらうことがポイントです。

　高学年の保護者の苦情は、子ども本人の苦情と考えて、子どもが納得すれば、保護者も納得するという場合が多々あることも理解しておきましょう。

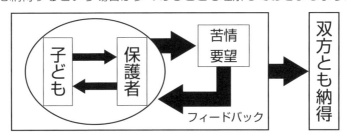

＋one point！

　苦情や要望を伝えてくる保護者は、敬遠してしまいがちですが、その雰囲気が伝わると、保護者を頑なにしてしまいます。このような保護者には、教師のほうから積極的に話しかけることが大切です。

column 1

「親の気持ちを考えること」が教師の役割

　若い頃の私は、「子どもの力を伸ばすためには、教師として学級経営力や授業力を高めさえすれば、それでよい」と信じて疑いませんでした。そして、その頃は、同僚との関係や、子どもの後ろにいる保護者の気持ちなど、深く考えることはできませんでした。

　子どもにとって必要と感じれば、裸足で運動場を走らせる。授業時間を度外視して、一日中学級会で話し合う。私のやり方に、「ちょっと待った」をにおわす保護者がいれば、「子どものためを思ってやっていることに、保護者が口を挟むとは言語道断」と、生意気な口調で論破していました。幸い（？）田舎町の小さな小学校であったこともあり、ほとんどの保護者が、私のやり方を、「熱心な若者」と大らかな目で見てくださいました。いや、自分勝手にそう思っていました。

　ところが、あるとき、思いつきで急遽行った川遊びで、一人の女の子が足をケガしてしまったのです。放課後、保護者に連絡をすると、その子は前日から体調がすぐれず、無理をしないようにと、厳しく言いつけてあったとのことでした。

　「なんで、先生に、体調がすぐれないと報告しなかったの？」

　この、私のひと言が、母親の逆鱗に触れました。

　「言えるわけないじゃないですか！　親だって、先生の口には勝てませんよ！」

　保護者は、ずっと我慢していたのです。「もっと親の気持ちを分かってよ」と、そんな気持ちを言えずにいたのです。

　学校教育は、教師だけで行うものではありません。保護者の気持ちを理解して、その保護者と一緒に子どもを育てていくことが大切なのです。私は、そんな基本中の基本とも言えることにさえ気付かない教師だったのだと、この一件で思いしらされたのでした。

Chapter 2

先手必勝！
よくあるトラブルの対応ポイント

子どもは活動的ですから、ちょっとしたケガやケンカなどは、日常茶飯事です。このようなトラブルは「あって当たり前」という気持ちで構え、迅速かつ的確な対応で、保護者の信頼確保と関係を深めるチャンスにしましょう。

Chapter 2　先手必勝！　よくあるトラブルの対応ポイント

子ども同士が ケンカをしたとき

　ケンカは、子どもの成長にとって必要なものです。しかし、子どもへの指導や、保護者への対応の仕方を誤ると、子どもにも、保護者にも、不満を感じさせ、問題解決が困難になり、後に大きな遺恨を残してしまう危険があります。

★………子ども自らに反省させる

　ケンカ後の指導で、もっともやってはいけないのは、「強制的に謝らせる」ことです。教師の前で、しぶしぶ頭を下げているだけにすぎません。このような方法で下校させれば、保護者から苦情の連絡がくることになります。必ず、「何に腹が立ったのか？」「何が相手を怒らせたのか？」「どうすれば、ケンカにならなかったか？」と問いかけて、子どもに振り返らせることが必要です。振り返ることによって、子どもは、自分の反省点を納得して受け入れることができます。そして、ケンカをした子どもたちの双方が納得することで、後に遺恨を残すこともなく、保護者から苦情がくることもありません。

★………保護者に先んじて報告

　子どもに納得をさせて下校させたとしても、子どもの伝え方によっては、保護者がどのような受け止め方をするか、心配が残ります。教師が指導を入れるようなケンカの場合は、必ず教師からも保護者に報告をします。まず、連絡帳で概要を伝えます。加えて、できる限り早く保護者と電話連絡をして、直接会話をするように努めます。もし、そのまま放っておけば、保護者の不安や不信が高まってしまいます。保護者から連絡がきたときは、時すでに遅し。対応に相当な労力を費やすことになってしまいます。

　保護者に先んじて、手を打つことが大切です。

避けたい
NG対応例

・強制的な謝罪は、子どもに不満を抱かせることになり、後に大きな問題に発展する危険があります。

効果的な
対応例

・子ども自身に振り返らせることで、自然に反省する気持ちになり、納得して謝罪する姿勢に。

+ one point !

ケンカは子どもだけではなく、その対応の仕方を学ぶことができるという意味で、教師の成長の糧でもあります。ケンカを未然に防ぐことにやっきにならず、ケンカのもつ意味を理解して、子どもを見守ることが必要です。

Chapter 2 先手必勝！ よくあるトラブルの対応ポイント

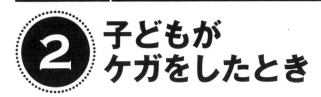
② 子どもが
　 ケガをしたとき

　授業中や休み時間、放課後や登下校中など、子どもにケガはつきものです。一昔前なら、「水で洗って、様子を見ておく」で済ませられましたが、現在は、安全面やクレームを防ぐ意味でも、慎重に対処しなくてはなりません。

★………情報が流れる仕組みをつくる

　些細な擦り傷や切り傷でも、保護者に連絡をしなくては、大きな問題に発展する時代です。トラブルにしないためにも、ケガをしたという情報を、担任が必ず把握できるようにしておかなくてはなりません。子どもたちには、自分自身や友達がケガをしたら、必ず担任に知らせるように伝えておきます。帰りの会で、確認する方法もよいでしょう。

　放課後や登下校中のケガについては、学校に法的責任はありません。しかし、事実を把握することは大切です。また、放課後や登下校中の安全について指導したり、ケガをした子のフォローをしたりすることで、保護者との連携が生まれ、互いの信頼関係を築くことになります。

★………丁寧で温かい対応を心がける

　どんなに些細なケガでも、本人からケガをしたときの状況をしっかり聞いて、把握しておきましょう。後で保護者から尋ねられたときに、担任が「知らなかった」では済まされません。事実を把握することは、子どもを大切に思うことです。保護者も、そう受け止めるはずです。

　連絡帳や電話で保護者に知らせますが、ケガをした状況を伝えるだけではなく、「痛かったはずですが、がんばって勉強していましたよ」「がまん強いので、よく見てあげてください」などの言葉を付け加えて、温かく見守る姿勢を見せましょう。

- ケガの情報を把握できる仕組みがないと、大きなトラブルの原因に。

- 情報を正確に把握した上で、教師から連絡することで、保護者の信頼を得ることに。

＋one point！

痛みや状態などをもとに、「大丈夫！」「水洗いでOK」「保健室に行ったほうがよい」など、自分の身体の状態を自分で把握し、対処の仕方を身につけさせる必要性を、日頃から保護者に啓発していきましょう。

Chapter 2 先手必勝！ よくあるトラブルの対応ポイント

子どもが大きな事故にあったとき

　子どもは活動的で、予想もしないような行動をすることがあります。休み時間や登下校中には、思わぬ大きな事故に巻き込まれることもあります。パニックになって、どのように対応すればよいのか分からなくならないように、担任として、日頃から、心づもりをしておきましょう。

★………日頃から危機管理意識をもって指導する

　どの学校でも、病院に運ばなければならないような大きな事故があったとき、どのような指示系統で子どもの安全を確保するのかが決められているはずです。緊急時の対応なので、「自分には関係ない」などと無関心になってはいないでしょうか。いざというときになって、パニックに陥って右往左往しないように、日頃から、対応マニュアルを頭に叩き込んでおかなくてはなりません。特に、会議で緊急時の対応について話し合うときには、実際に子どもが大ケガをしたら、誰がどのように動けばよいか、頭の中でシミュレーションしておくと、実際に事故が起きたときに慌てることなく、役立つマニュアルになります。

★………あらゆる方法で、保護者に至急の連絡を

　子どもが大ケガをした場合、医療機関での診察や治療を受けるには、保護者の承諾が必要になります。手術はもちろんのこと、レントゲン撮影や治療方針の決定にも、保護者の承諾がなければ、医療行為を行うことができない時代です。ですから、子どもが大きな事故にあってしまったとき、もっとも重要なことは、保護者との連絡を早急に取ることです。年度始めに家庭から提出される家庭調査票や保健調査票に記載された「緊急時の連絡先」の重要性を説明し、確実に連絡を取ることができるよう、家庭訪問の際は、保護者に確認をしておきましょう。

- 子どもの指導に大きな事故を想定していないと、いざというときパニックに陥り、対応できないことに。

- 日頃から、危機管理意識をもって指導することで、いざというとき、的確な対応が可能に。

+ one point !

日本スポーツ振興センターの災害共済給付制度では、教育活動中の災害の他に、登下校中の災害にも補償が適用されています。保護者から保険について尋ねられた場合、すぐに回答できるようにしておきましょう。

Chapter 2 先手必勝！ よくあるトラブルの対応ポイント

④ 問題行動を起こしたとき

自動車へのいたずら、ピンポンダッシュなどの近所への迷惑行為、万引きなど、学校外でも、子どもたちはさまざまな問題行動を起こすことがあります。管理時間外に起こした問題とはいえ、子どもの起こした行動ですから、教師が対応しなくてはならない場合が多々あります。

★……家庭・地域と連携して対応

クラスの子どもが起こした問題ですから、担任・学校が指導するのは当然のことです。しかし、目の行き届かない校外での問題行動ですから、学校だけの指導では不十分です。必ず、家庭に連絡をして、子どもへの指導や先方への謝罪をしてもらうようにします。

また、地域での見守りも重要になりますから、子どもが問題を起こしたら注意してもらい、気になる行為を見かけたら、学校に情報提供をしてもらうようにお願いしておきましょう。校区には、児童・生徒指導協議会のような団体が設置されていますから、日頃から、保護者・地域・学校で連携して子どもを見守る意識を高める必要があります。連携の体制は、学校が中心になって進めなくてはなりません。

★……学校の「対応の意図」を伝える

子どもの問題行動や、地域からの苦情を保護者に伝えるとき、学校がどのように対応しているのかを必ず伝えましょう。学校が、子どもにどのような指導をし、迷惑をかけた相手にどう対応したのか、保護者にどういう対応を望んでいるのかを、具体的に分かりやすく伝えます。また同時に、学校は、子どもを罰するために指導するのではなく、子どもを心配し、成長を見守るために指導していることを理解してもらい、保護者の信頼と協力を得られるように努めることが大切です。

・何のために指導しているのかが伝わらなければ、保護者は不安になり、教師への不信感を抱くことに。

・子どもを心配して指導していることを伝えることが、保護者の信頼と協力を得ることに。

＋one point！

最近、「お客様だから」と穏便に済ませたり、反対に、「犯罪だから」と直接警察に連絡したりする店が増えています。子どもの問題行動は、必ず学校に連絡を入れてもらうよう、店舗サイドにお願いしておきましょう。

Chapter 2　先手必勝！　よくあるトラブルの対応ポイント

学力・成績に大きな問題があるとき

前学年の学習内容の習得ができていないなどにより、まったく授業についてくることができない子がいます。放置しておけば、他の子との差が開いていくばかりで、学習意欲もどんどん失われてしまいます。そのままいけば、成績だけでなく、生活態度も乱れてしまうおそれさえあります。

★………保護者の理解を得て、学校体制で対応を検討

　九九を覚えていない子に、割り算はできませんし、少数や分数の計算などは言うに及びません。漢字が読めないのに、読解力を高めることは困難です。基礎的な計算力や識字力・書字力などに困難を抱えている子の対応は、まず、どの時点でつまずいているのかを分析・把握して、対応するのがよいでしょう。一斉指導では限界があるので、他の子とは別メニューで課題をあたえたり、個別に取り出したりするなど、学習方法の工夫が必要です。その場合、保護者の理解を得ることはもちろん、学校全体で学習体制を検討しなくてはなりません。担任だけでは対応が難しいと感じたら、学年主任や特別支援の教師、管理職に相談して、対応を検討しましょう。

★………学習意欲を高める授業改善を

　学力低下は、学年が上がるほど進行します。低学年の早いうちから、低学力の子への対応を始めるのが理想的です。学習へのつまずきを発見するために、授業の終わりにチェックしたり、振り返りの小テストの時間を毎日設定したりして、その日のうちに解決させるように努めます。また、授業の最初の５分間を、前時間の復習や漢字練習などにあて、繰り返し練習できるような授業の組み立ても必要です。小学生の子どもは、学習意欲が習得率に大きく影響するので、子どもを惹き付けるための工夫を心がけるようにしましょう。

・保護者の理解を得ないで対応すると、誤解と不信を招いてしまい、思わぬトラブルになるおそれが。

・保護者の理解を得て学校体制を整えることで、保護者の信頼が得られ、子どもの学力が保障されていく。

＋one point！

休み時間を利用して補習する方法もあります。しかし、この方法は、その子の学習意欲を奪ったり、他の子の偏見を招いたりするおそれがあるので、本人の気持ちや学級の雰囲気などを考慮して行いましょう。

Chapter 2 先手必勝！ よくあるトラブルの対応ポイント

教師に暴力をふるったとき

　子どもの教師に対する事案が急増しています。「対教師暴力」と聞くと、一般的に中学や高校を思い浮かべますが、近頃では、小学生が教師に暴言を吐いたり、手や足を出したりする事案も増えています。小学校の教師も、暴力への対応を考えておかなくてはならない時代です。

★………「チーム体制」で対応する

　もし、子どもが教師に暴力をふるったら、被害を受けた教師は、少し離れて、子どもを刺激しないようにします。そして、別の教師が、子どもをその場から離して、落ち着かせる役を引き受けます。

　暴力を受けたからといって、教師が子どもに対抗するわけにはいきません。ですから、対教師暴力には、チーム力で対応するしかありません。もし、暴力をふるう可能性のある子がいたら、被害を受けた教師はどのように行動し、他の教師はどのような役割を担うのかなど、あらかじめ、学年などで対応策を考えておかなくてはなりません。

★………日頃の関係づくりに心を砕く

　特別な事情を除いて、理由もなく教師に暴力をふるう子はいません。たとえ、厳しく指導されたとしても、日頃から人間関係が築かれていれば、暴力に走ることはないのです。暴力をふるうのは、日頃の不満や不信感、確執が溜まって、何かをきっかけに爆発してしまうのです。

　私たち教師に必要なことは、子どもとの関わり方を見つめ直すことです。「指導が威圧的になっていないか」「子どもの感情を逆撫でしていないか」「子どもが納得できる指導を心がけているか」……。生活指導や学習指導、子どもとの関わり方について、常に見つめ直し、反省すべきところがあれば改善するという、謙虚な姿勢が必要です。

- 暴力を受けた教師が説得しようとしても、さらに子どもを刺激することに。

- 教師がチームで対応することで、子どもに「引き際」の機会をあたえることに。

+ one point !

暴力をふるった子どもの保護者に対して、あからさまに被害者意識で接してはいけません。保護者も、日頃から教師に対して不信感を抱いている可能性が大です。子どもの今後について、共に考える姿勢で臨みましょう。

Chapter 2 先手必勝！ よくあるトラブルの対応ポイント

いじめの噂が流れたとき

　いじめは、教師の目が届かないところで行われます。特に、最近のいじめは狡猾に行われることが多く、気付いたときには深刻な状況になっていることが多々あります。ですから、いじめの噂を耳にしたら、本腰を入れる必要があると考えて、慎重に対応しなくてはなりません。

★………重く受け止め、迅速な対応を

　噂が教師の耳に入るという時点で、いじめはかなり深刻な状況にあると、重く受け止めなくてはなりません。すぐに、生徒指導主任と管理職に報告して、学校全体で取り組みます。まず、被害児童や周りの子どもからの聞き取り調査をして、事実確認を行いましょう。そして、いじめだと判断したら、会議を開いて対応の検討に入ります。被害児童の安全確保や加害児童への聞き取り、保護者への対応や教育委員会への報告など、その日のうちに決定しなくてはなりません。「しばらく様子を見て……」などという悠長な対応は、いじめの助長につながると考えて、とにかく迅速な行動に努めなくてはなりません。

★………対応マニュアルの徹底を

　平成25年9月28日に施行された「いじめ防止対策推進法」によって、いじめの防止と早期解決に向けての対応の法的責任が、学校に課せられています。どの学校にも、いじめへの対応マニュアルの作成が義務付けられていますが、マニュアルの認知は徹底されているでしょうか。問題が発生したら、そのマニュアルに従い、すぐに行動できるようにしておかなくてはなりません。職員会議や学年会議で、再度、マニュアルの確認を行い、具体的にどのように対応するのかをイメージしながら、全職員で意識を高めておくことが、効果的で迅速な対応につながります。

＋one point !

いじめには、深刻な状況に至るまでに、その兆候が必ず現れています。その些細な兆候を見逃さず、すぐに対応する力が教師には求められます。友達関係をしっかり観察し、些細な変化に敏感になる目を養いましょう。

Chapter 2 先手必勝！ よくあるトラブルの対応ポイント

発達障害が疑われるとき

　授業中に落ち着かず立ち歩く、友達と頻繁にトラブルを起こす、こだわりが強く集団行動ができない……。いくら指導しても、状況が一向に好転しない子がいます。通常の指導では対応が難しい場合は、発達障害も視野に入れた対応が必要です。

★………専門知識を学び、指導に生かす

　発達障害が疑われる子に対しては、他の子と同じやり方で指導しても、効果が少ないばかりか、かえって事態が悪化するおそれがあります。その子に直接話しかけて指示を出したり、スケジュール表を渡して先の行動が見通せるようにしたり、授業を10分単位のユニットで組み立てたりと、特別支援教育の専門知識を学んで、子どもに応じた指導の工夫に努めましょう。そのためにも、特別支援の教師との連携を密にしながら、適宜必要な指導を行うことが大切です。安易に、「サポーターを付ける」「個別指導をする」のではなく、子どもがクラスの中で他の子と一緒に学べるような方法を、担任が考えることが大切です。

★………保護者や他の教師との連携を密に

　サポーターを付けたり、個別指導をしたりする必要が出てきた場合、保護者の理解や、他の教師の協力が必要になります。家庭訪問や連絡帳などで保護者との連絡を密にしておくとともに、機会あるごとに、その子の様子や指導方法について、他の教師と話し合うようにしておきましょう。日頃の保護者や他の教師との関係づくりや連携が、いざというときのスムーズかつ的確な対応につながります。

　自分が子どものことを一番分かっているからと、勝手に指導するのは、単なる独りよがりにすぎず、子どものためになりません。

- 担任一人で抱え込み、いつまでも同じ方法で指導を続けても、何の効果も得られないことに。

- 保護者や他の教師の協力を得ることで、効果的な対応が進められることに。

＋one point！

前担任からの引き継ぎや、学校の特別支援体制などを参考に、発達障害が疑われたら、学年主任や特別支援の教師に相談しましょう。できる限り大勢の目でその子の様子を見て、対応策を検討することが大切です。

column 2

教師の責任の大きさを思う

「あの子にも、悪いところがあるんですから……」
職員室で、隣の席に座っていた若い男性教師の言葉を、今も忘れることができません。
A子は強度の近視で、そのせいか、素早く行動することが苦手で、いつもクラスの友達から敬遠されていました。低学年の頃は、男子からからかわれて、保護者も学校に相談にきていました。その都度、当時の担任は当事者の男子児童を注意し、学級会を開いては指導していたようです。それでも、A子に対するいじめや偏見は収まらず、激しさを増していきました。
そして、高学年になると、女子からのいじめがひどくなり、「あの子のせいでリレーに負ける」「何とかしてほしい」などと担任に陳情する始末でした。特に男性教師の場合、女子児童との関係を悪くすると、学級経営が成り立たなくなるおそれもあります。その気持ちは痛いほど分かりつつも、いじめの対象であるA子を邪魔者扱いする子どもたちの言動を、担任の若い男性教師が許していることに、私は日頃から、不満を募らせていたことを記憶しています。
ある日、A子の母親からの連絡をきっかけに、いじめの対応を話し合っていたとき、その若い男性教師が、「あの子にも、悪いところがあるんですから……」と言ったのです。私は、思わず叫んでいました。「その言葉を、A子の母親の前で言ってみろ！」と。それから後のことは、みなさんのご想像にお任せします。
学校で、つらい目にあっている子、苦しんでいる子がいたら、たとえ独りになっても味方となり、救うのが教師です。保護者は、そう信じているからこそ、我が子を安心して学校に送り出しているのです。保護者の気持ちに思いを致すとき、教師の「子どもを教育する」という責任の重さを感じずにはおれません。

Chapter 3

学校生活 場面から起きたトラブルの
保護者対応術

保護者の価値観はさまざまです。
世間一般の常識からは考えられない要求をしてきたり、
自分の価値観を学校に押し付けようとしてきたりする
保護者が増えています。
このような保護者は、今後も増えると予想して、
あらかじめ対応策を考えておきましょう。

Chapter 3　学校生活場面から起きたトラブルの保護者対応術

子どもの持ち物が紛失したり、盗難にあったりしたとき

筆記用具や衣類、上靴など、子どもの持ち物が紛失して、なかなか見つからないことがあります。ゴミ箱やトイレなど、考えられない場所で見つかることもあり、対応に悩んでしまいます。

★……全力で探す姿勢で信頼を得る

どこかに置き忘れていたり、最初から学校に持ってきていなかったりということが多々ありますが、まずは、本人の心当たりを探して見つからなかったら、クラス全員で協力して探しましょう。それで見つからなければ、子どもの勘違いも考えられますから、家で保護者と一緒に探すように指示します。

徹底的に探すという教師の姿勢は、保護者に安心感をあたえ、信頼を得ることにつながります。加えて、子どもの物への管理意識や、他人の物に勝手に触らない意識を高めることにもつながります。

★……頻繁に起きるときは、特別な対応を

子どもの持ち物が頻繁になくなる場合は、要注意です。故意に行われている可能性が高いので、それなりの対応が必要です。特定の子の持ち物がなくなる場合、いじめや友達関係のトラブルが疑われますから、すぐに他の教師に相談した上で、保護者に連絡し、対応を伝えて見守ってもらいます。精神的問題を抱えて物を盗る子がいる可能性もあります。いずれにしても、クラスで話し合ったり、学級経営を見直したりして、クラスの雰囲気を変える必要があります。

★⋯⋯⋯「学校は教育の場」であることを忘れずに

　誰が犯人か、特定できなければ、指導も解決もあやふやになってしまいます。だからといって、学校が警察のような犯人捜しをするわけにはいきません。ある程度、「あの子がやったのではないか」との確証をつかんでいても、子ども自身が認めなければ、子どもの指導も、保護者への協力要請もできません。学校は、あくまでも子どもを教育する場です。もし、事実があやふやになったとしても、子どもが後悔し、反省し、行動を改めれば、「よし！」という対応をせざるを得ません。

大切なのは、犯人捜しではなく、指導であることを忘れずに！

＋one point！

子どもの勘違いと分かったときは、「心配かけてごめん」「協力してくれてありがとう」などの謝罪や感謝の気持ちを、他の子に伝えさせましょう。

これは避けたいNG対応

最初から、「犯人ありき」の対応をしてはいけません。教師の子どもへの疑念は、子どもはもちろん保護者の教師に対する不信にもつながります。

Chapter 3 学校生活場面から起きたトラブルの保護者対応術

不登校で学校の対応が悪いとクレームがきたとき

子ども自身が登校をしぶっており、度々説得をしても、欠席することが頻繁にあります。不登校の子の保護者からは、学校の対応についてのクレームが多く、どう対応すればいいのか困ってしまいます。

★………こまめな家庭訪問を

登校をしぶる子への対応は、手を打たずにそのままにしておくと、欠席が増え、ついには不登校になってしまうおそれがあります。特別な理由がないのに、遅刻や欠席をする子には、必ず放課後の家庭訪問を行いましょう。連続しての欠席は、何としても防がなくてはなりません。放課後は、子どもや保護者の気分も楽になっていますから、家庭訪問では、友達や学習の様子などを話した後で、翌日は必ず学校に来る約束をして終わります。学級イベントなどの楽しい行事を用意しておくのも、効果的です。

★………保護者の来校を促す

不登校の子の保護者からのクレームは、「助けてほしい」というサインです。必要なのは、気楽に相談できる人と場所ですので、保護者には、気楽にいつでも来校してもらえるように、教師が働きかけます。また、他の教師に同席してもらうのもよいでしょう。堅苦しい話ばかりではなく、お茶を飲みながら世間話をしたり、わずかな時間でも立ち話をしたりして、来校に対する垣根を取り去る工夫に努めます。学校が気軽に行くことができる場所になれば、クレームも自然になくなるものです。

★……… 「大切なクラスの一員」という姿勢で

　以前、不登校の子の机を、他の子どもたちが荷物置き代わりにしていたのを見た保護者の苦情をきっかけに、大きな問題になってしまったケースがありました。不登校で、ほとんど出席しないといっても、大切なクラスの一員です。座席決め、当番や係、学習グループなど、他の子と同じように希望を聞いたり、くじ引きで決めたりして、クラスの一員としていつでも受け入れることができる配慮が必要です。

　そもそも、頻繁にその子や保護者と連絡を取り合っていれば、おろそかに扱うことなどはあり得ません。

保護者へのフォローが、問題解決のキーポイントと心得よう！

＋one point！

不登校の子の保護者は、神経が過敏になっているものです。保護者の精神状態を見極めて、会話の内容を考えることが必要です。

これは避けたいNG対応

保護者の考えに賛同できなくても、反論してはいけません。カウンセリングマインドで保護者の話を聞き、人間関係を築いていくことが最重要です。

Chapter 3　学校生活場面から起きたトラブルの保護者対応術

3 保護者が平気で子どもを通学させないとき

子どもが登校をしぶったり、寝坊をしたりしたとき、登校するように働きかけてくれず、平気で欠席を容認する保護者がいます。保護者がそんな調子なので、子どもに強く指導することもできず、困ってしまいます。

★………毎朝の連絡や放課後の連絡を欠かさない

　このような保護者は、子どもが「行かない」と言ったら、引っぱってでも登校させるようなことはしません。「子どもにその気がないのなら、仕方ない」「子どもとの関係を悪くしたくない」という気持ちが強いのです。ですから、子ども自身に「登校しなくてはならない」という自覚を高めさせる指導を重視したほうが、効果的な場合が多々あります。毎朝、登校前に電話連絡を入れたり、休んだ日の放課後は必ず連絡を入れて、次の日の登校を約束させたりして、「学校に行かなくてはならない」という意識を高めさせていくようにしましょう。

★………学校体制で対応、外部機関との連携も

　保護者が登校に非協力的では、担任一人では、対応が難しいと考えられます。毎日の連絡や登校奨励なども、他の教師の協力が必要になります。場合によっては、子ども家庭支援センターや民生委員など、外部機関の協力が必要になります。特別な理由がないのに、子どもの欠席を平気で容認する保護者には、学校全体で対応するのが基本です。このような保護者がクラスにいたら、すぐに学年主任や管理職に相談して、決して一人で抱え込むことのないように

しましょう。

★………来校してもらい、協力要請をする

　保護者には、子どもに教育を受けさせる義務があります。子どもが、毎日登校することができるよう、基本的生活習慣の見直しを含めて、保護者の協力を得なくてはなりません。たとえ、相手の気分を悪くさせてでも、あえて苦言を呈さなくてはならない場合もあります。相手が保護者だからといって、すべてにおいて学校が引き下がる必要はありません。他の教師と協力して、取り組みましょう。

子どものために、伝えるべき事柄はしっかり伝えることが必要！

+ one point !

家庭訪問をして、その家庭の様子を観察し、家庭状況の把握に努めましょう。虐待やネグレクトなどの兆候が発見できる場合があります。

これは避けたいNG対応

保護者が認めたことだからという理由で、欠席を簡単に容認する姿勢ではいけません。子どものことを真剣に考えることから逃げてはいけません。

Chapter 3　学校生活場面から起きたトラブルの保護者対応術

子どもの礼儀や行儀の悪さを、すべて学校の責任にされたとき

> あいさつができない、整理整頓ができない、時間を守ることができない……。本来、家庭で身につけておかなくてはならないことを、学校任せにし、責任を転嫁する保護者がいて、困ってしまいます。

★……「協力を求める姿勢」で啓発する

　あまりに身勝手な苦情や要請に、「それは、親の責任でしょ？」と、嫌みの一つも言いたくなります。しかし、感情をあらわにしてぶつかるのは得策ではありません。一歩引いて、「力不足でした。ご家庭でもご協力をお願いします」と、保護者の指導が必要なことを暗に伝えるようにします。この伝え方によって、受け取り方は大きく異なります。「協力してください」という言い方で、保護者がこちらの要請を受け入れやすくすることで、「家庭での躾が必要」ということを啓発することが可能になります。

★……学校での取り組みを伝える

　生活指導における学校での取り組みを、学年通信や学級通信、保護者会などで、どんどん伝えるようにします。すると、地域や家庭の教育力の必要性について考えざるを得ませんから、ほとんどの保護者が、家庭の教育力について理解を深め、協力的になってきます。万一、躾は学校の責任と考えている保護者がいたとしても、日頃から、家庭教育について、学校や担任の考え方を伝え、それが他の保護者の理解を得ていれば、苦情を言ってくることはなくなります。

★………その場は我慢し、保護者をほめて協力的に変える

　学校の指導が悪いと苦情を言ってきた場合、教師がいくら正論を掲げても、このような保護者に理解してもらうことは、まず無理です。苦情を言ってきたときは、とにかく我慢で、相手の話を聞き流しましょう。勝負は、日頃の接し方です。「Aさんがしっかりできるのは、ご家庭での指導が行き届いているからですね」と、保護者のプライドをくすぐりながら、家庭教育の必要性に気付かせていきます。このように、保護者を協力的に変えていくことが、もっとも効果的な方法です。

保護者をほめることで、協力する意識を高めてもらいましょう。

＋one point！

平成18年の改正教育基本法で、教育における家庭の役割が明記されました。教育は学校だけで行うのではないということを、保護者に啓発しましょう。

これは避けたいNG対応

保護者の要請だからと、すべてを引き受けてはいけません。保護者としての責任感を身につけてもらうことが、子どものためになります。

Chapter 3 学校生活場面から起きたトラブルの保護者対応術

⑤ 学校のきまりを守らない行為を保護者が容認しているとき

> アクセサリーを身につけて登校したり、髪を染めたりと、学校のきまりや一般常識に外れた行動をとる子がいます。それを注意するどころか、容認し、学校が間違っていると批判する保護者がいて困っています。

★………学校の方針は譲らない

　このような保護者の中には、教師が何を言っても持論を譲らない人がいます。場合によっては、恫喝や威嚇するような態度で主張する人もいます。このような人に、無理に学校の方針に従ってもらうことは難しいと言わざるを得ません。だからといって、その保護者の子どもだけに特例を認めることは、絶対にしてはなりません。結果として、学校の方針を理解してもらえなかったとしても、主張は曲げることなく伝え続けることが重要です。

★………保護者の協力で規律を守る

　このような保護者は、じつは、そう多くはいません。ほとんどの保護者は、良識的で学校の方針に協力してくれています。ですから、大勢の保護者の「規律ある学校で我が子を学ばせたい」という気持ちを大切にすることを、忘れてはいけません。

　怖いのは、一人の例外を許すと、それが「伝染」して、学級や学校の風紀がどんどん乱れていくことです。そうならないように、多くの保護者に、規律を守るための協力を得る取り組みを継続して行いましょう。

★……子どもの指導を継続し、「伝染」を防ぐ

　保護者が容認しているからといって、教師が子どもの指導をやめてはいけません。「直そうね」という穏やかなひと言を、時折でもかけるようにしましょう。そして、それは、他の子の見ている前で指導するようにします。その子が直すか否かではなく、周りの子への感化を防ぐためです。何も指導しなければ、「あの子だけ、なぜ許されるの？」と子どもや保護者から不満が出るので、必ず、機会あるごとに、その子を指導する場面を見せて、規律を乱す行為は許されないことを伝える必要があります。

強制はしないが、方針を貫くことで、学校の規律を守らせることが大切。

＋one point！

金髪やピアスを容認する親には、「きまりを守るのも、大切な学校の勉強」と申し伝え、本人への指導は続けることを宣言しておきます。

これは避けたいNG対応

「声」を上げる人の意見は影響力があります。しかし、特殊な少数意見である場合が多いので、慌てて早まった結論を出さないことです。

Chapter 3 学校生活場面から起きたトラブルの保護者対応術

家庭の方針などで、給食の献立などに無理難題を突き付けられたとき

以前から、食物アレルギーのことで給食献立の相談にくる保護者はいました。ところが、最近は、食品の生産地や子どもの好き嫌い、家庭の方針などを理由に、無理難題を突き付ける親が増えて困っています。

★………食材の産地についての相談には

食の安全についての意識が高まり、保護者の給食食材への関心が高くなってきています。以前から、食材の生産地を非常に気にする保護者はいましたが、現在では、調べればすぐに分かるようになっていますから、対応にそれほど苦労することはなくなっています。それでも、不安を訴えてくる保護者、特別な対応を求めてくる保護者には、学校でできる対応の限界を示し、個別に家庭で対応してもらうように申し伝えなくてはなりません。

★………「好き嫌い」のクレームには

子どもに、嫌いな食べものを克服させるのではなく、嫌いな食べものを除外して食べさせようという保護者が増えてきました。「無理に食べさせないで」と指導を拒否するのは、まだいいほうで、「メニューを変えてください!」と無理難題を言ってくる保護者もいます。

子どもへの指導については、無理に保護者とぶつからず、学級の雰囲気や指導法の工夫で、穏やかに進めれば解決するものです。しかし、メニューへの要望となると話は別です。そういった保護者には、栄養や食育などの観点から個人的要望には対処できないことを告げ、それでも納得してもらえな

いときは、管理職に任せましょう。

★……他の子に事情説明する旨を伝える

　食物アレルギーなどの特定食品の欠食や、弁当を持参する子どもがクラスにいた場合、他の子どもが、「なんで、あの子だけ？」と不満をもつことが十分考えられます。ですから、保護者が特別な事情を要求した場合は、それがどのような事情であったとしても、クラスの他の子に、説明しなくてはならないことを伝え、納得してもらわなければなりません。事情説明の欠如によって、トラブルが起こる可能性があることも、伝えましょう。

特別対応には、クラスの子への説明が必要不可欠なことを伝える。

＋one point！

給食の特別な対応が原因で、友達関係のトラブルにならないよう、他の子への説明や、その後の観察をしっかり行いましょう。

これは避けたいNG対応

「牛乳を残させる」といったような、学級で対応できることでも、勝手に進めてはいけません。保健主事や管理職に報告しましょう。

Chapter 3　学校生活場面から起きたトラブルの保護者対応術

7 教材費や給食費を長期滞納したり、払わないことを当然として聞き入れないとき

教材費や給食費など、必要な諸費用の滞納が続き、いくら申し入れても納入しない保護者がいます。なかには、「義務教育だから」と、支払わないのが当然のように拒否する保護者もいて、困ってしまいます。

★………すぐに管理職に相談

　このような保護者が増えて、一時期、全国的に問題になりました。給食費については、今では、各自治体が直接集金するところも増えています。しかし、教材費については、学校扱いですから、未納者の対応には頭を痛める教師が大勢います。再三申し入れても、滞納が続くようなら、すぐに管理職に相談しなくてはなりません。それほど多くない金額だからと、立て替えをしてはいけません。金銭に関しては、明朗にしておかないと、悪気がなくても、後で問題になる危険があります。

★………親の倫理観に訴える

　学校は、人の良心と信用関係で運営されています。企業と異なり、お金を滞納しても、その子にだけ教材を使用させないということが、学校にはできません。そのような教師の良心に、つけ込んでくる保護者がいるのも事実です。しかし、担任としては、「子どものために払ってほしい」「あなたを信用して、教材を子どもに渡している」と、伝え続けるしかありません。相手も人の親です。未納していることに対して、何か感じることを願って、粘り強く交渉しましょう。

★………法的根拠を知っておく

「義務教育だから、払わなくて当然」と、自分勝手な理屈で集金を拒否する保護者がいます。思わず、「一理ある」と思ってしまいがちですが、教科書を除いて、子ども個人が使用するものについては、公金で購入するという法律はありません。給食費においては、保護者負担が明確に記されています。法律をちらつかせての交渉はできませんが、教師自身が法律を知り、それを理解しておくことで、保護者との交渉を有利な気持ちで進めることが可能になります。

担任として努めるべきは、親心に訴え、粘り強く交渉を続けること。

＋one point！

「学校給食法」の第11条第2項に、給食実施に必要な施設・設備などの他は、保護者が負担することが明記されています。

これは避けたいNG対応

法律で決まっているからと、それを盾にして強硬な姿勢で請求すると、相手は感情的になるので、控えるようにしましょう。

Chapter 3 学校生活場面から起きたトラブルの保護者対応術

8 担任の指導、またはクラスが子どもに合っていないなどとクレームを言ってきたとき

> クラス替えをしてから間もなくして、「仲のよい友達がいない」「クラスに馴染めない」などと、苦情を申し立ててくる保護者がいます。露骨に、新たなクラス替えを要求する保護者もいて、困ってしまいます。

★………不安を受け止め、安心させる

　仲のよい友達が同じクラスにいない、クラスに馴染めないなどの苦情や相談には、「しばらくすれば、仲のよい子もできて、クラスにも自然に馴染んでいくもの」と保護者に安心してもらいましょう。また、そのような経験が、子どもの成長にとって非常に大切なものであると、伝えるようにしましょう。子どもの不安な様子を、保護者も心配しているのです。そういう保護者の気持ちをしっかり受け止めた上で、学級経営方針や、担任の考えを伝えることで、保護者にも、子どもにも、安心してもらうことを第一に考えましょう。

★………無理な要求は迷わず相談

　今のクラスが気に入らないから、苦手な子がいるから……と、「我が子を他のクラスに替えてほしい」「苦手な子を他のクラスに移してほしい」などの無理な要求をしてくる保護者も、たまにではありますが、います。誰が考えても無理な相談です。このような場合は、担任一人での対応は難しいので、すぐに学年主任や管理職に相談しましょう。管理職と面談してもらい、納得してもらうしか、方法はありません。

★……… 「学習指導・学級経営」を見直す

　担任を替えてほしいと言ってくる場合は、担任を飛び越して、管理職や教育委員会に、直接苦情が届くのが普通です。しかし、その前段階として、担任にも、保護者から何らかの苦情や要望が直接届いているはずです。つまり、そのときの対応を誤ったために、「担任を変更せよ」となってしまうのです。「担任を変更せよ」という苦情は、保護者にとって、相当の事情と覚悟があっての申し入れであると考えられます。そうなってしまう前に、担任として、子どもとの関わり方を見直し、指導について学ぶ必要があります。

不安な気持ちを受け入れて、指導法を伝えることで、安心させる。

＋one point！

教師の教育観や人となりへの理解不足から、苦情が起きる場合が多々あります。積極的に担任を理解してもらう取り組みをしましょう。

これは避けたい NG 対応

いくら保護者が苦情を言ってきたとしても、子どもに厳しく当たったり、無視したりしてはいけません。十分に気を付けましょう。

column 3

不登校を食い止めたクラスの和

　一日休むと、そのままズルズルと数日間欠席が続いてしまう女子児童がいました。普段は穏やかで、友達とのトラブルもなく、楽しそうに生活しているのですが、少し投げやりな雰囲気をかもし出すことがある子でした。年度当初、彼女の「陰」が少し気になっていたのですが、その予感通り、彼女の欠席日数は、日を追うごとに増える傾向にありました。

　このままでは、いけないと考えた私は、彼女が欠席した日は、必ず放課後の家庭訪問を行い、本人と保護者と顔を合わせて会話するようにしました。

　「みんな、待っているから、明日は必ず来てね」

　母親の前で、そう約束した次の朝には、少しつらそうな顔をしてはいましたが、必ず登校してくれるようになりました。登校すれば、友達と楽しく過ごすことができる彼女です。下校するときは、「本当に不登校気味な子？」と疑いたくなるほどでした。それでも、本当につらそうで、登校するのが無理だと思われる時期もまだまだありました。そんなときには、「明日は、学級イベントをやるから、楽しみにしててね」と、学級イベントを組み、他の子が下校するのに時間を合わせて、彼女の家に一緒に訪ねるようにしたのです。そして、保護者とも相談して、友達の力を借りながら登校できる環境にしていくことにしました。

　そんなことを繰り返すうちに、彼女の欠席は徐々に減っていきました。心配していた夏休み明けも、なんとか乗りきって、2学期を終える頃には、病気以外では、ほとんど欠席をしなくなりました。そうして卒業間近の2月の保護者会で、

　「あのとき、クラスのみんなが、この子を助けてくれなかったら、きっと学校に来られなくなっていたでしょう」

　感謝の言葉を述べられた母親の姿は、今でも私の記憶に鮮明に残っています。

Chapter 4

授業 場面から起きたトラブルの
保護者対応術

授業に関わる保護者からの苦情は、そのことによって、
教師自身の力量不足や指導観の甘さが見える鑑ともいえます。
基本的には、授業力や指導力アップのための
「ありがたい言葉」と受け止めるようにしましょう。

Chapter 4　授業場面から起きたトラブルの保護者対応術

子どもの成績が上がらないのは、先生に指導力がないからだと言われたとき

「授業が分かりにくい」「成績が悪いのは、先生のせい」などと教師の指導に物申す保護者がいます。教師として反省すべき点はありますが、子どもの授業態度にも問題があり、保護者の対応に困ってしまいます。

★……素直に受け止め、授業を振り返る

　授業力や指導力は、教師がもっとも大切にしている部分です。ですから、「授業が下手」「指導力が低い」などと言われると、プライドが傷付き、カチンとくるものです。「あなたの子が悪い」「家庭の躾が悪い」と相手を責めるだけで、自らを省みる機会にできない危険があります。確かに、子どもの学習に取り組む姿勢に問題があるかもしれません。しかし、それも含めて、自身の指導力が不足していると考えて、指導を改善するきっかけとして、保護者の苦情を受け入れるようにしましょう。

★……学級通信で授業の様子を伝える

　保護者は、子どもの学習の様子が分からないと、不安を感じます。教師がどのような教え方をしているのか、授業の雰囲気はどのような感じか、我が子の様子はどうか……。不安を抱けば、それが教師不信につながり、我が子の成績が振るわないとなれば、「指導力がない」と批判的になるのは当然のことです。授業のねらいは何か、子どもたちに身につけさせたい力は何か、どのような方法で授業を進めているか、子どもたちの様子や教室の雰囲気はどうか……。それらを学級通信や保護者会でしっかりと伝えていくことで、教

師への不信感はずいぶん払拭されるものです。

★………その日のうちに問題発見・即対応を

　授業改善と大きく関わるところですが、計算や漢字技能、各教科の基礎知識の修得には、授業中にできる限り多くの時間を費やすように心がけます。「練習は家庭学習で」ということになれば、子どものつまずきに応じた指導ができなくなります。結果、親が家庭で教えなくてはならなくなり、「先生は指導力がない」と思われてしまうのです。子どものつまずきは、教師がその日に発見し、対応することが基本です。

理解させないまま家に帰すと、保護者から批判が出てくる。

＋one point !

家庭で漢字や計算の練習をさせたい場合は、覚え方ややり方を子どもに理解させ、一人でできるようにさせた上での下校が基本です。

これは避けたいNG対応

親の負担が大きい宿題を、連日のように出すのは避けましょう。学校の勉強は、学校で解決することが基本です。

Chapter 4　授業場面から起きたトラブルの保護者対応術

② 授業のレベルが塾に比べて低すぎるなどと、指導内容にダメ出しをしてきたとき

特に高学年になると、「レベルが低すぎる」と、授業内容についてダメ出しをしてくる保護者がいます。挙げ句、授業内容のレベルを上げるように要求したり、指導法にも細かく口を出してきて、困ってしまいます。

★………学校での学習のよさを伝える

　異なる能力の子どもたちが、席を同じにして、同じ内容を学ぶところに、学校での学習のよさがあります。単に知識を習得させるだけではなく、意見を交流してさまざまな考え方を学んだり、間違いを認めたり、他の子の意見を取り入れたりと、授業を通して「人として大切な力」を育んでいきます。このような、学校で学ぶことのよさを伝え、子どもが授業を楽しんでいる様子が感じられれば、こうした保護者からの苦情は自然に影を潜めるものです。

★………「考えること」「学ぶこと」を楽しませる

　いつも、教科書通りの授業を、何の工夫もせずに続けていると、必ずこのような苦情を言ってくる保護者が出てきます。子どもが授業を楽しんでいれば、レベル云々にかかわらず、保護者は学校の授業に納得してくれるものです。時折、パズルやクロスワード、迷路やクイズなどを授業に取り入れて、「考えること」「学ぶこと」を楽しませましょう。当然、レベルの高い問題にも触れさせることになり、保護者も子どもも、学校の授業に満足してくれます。

★……授業の工夫で、誰もが満足する時間に

　理解が早くて計算や漢字技能に長けている子も、ゆっくり確実に習得する子も、「よくがんばった」と充実感を味わうことのできる授業にするのが理想です。そのためには、学習内容は同じでも、練習量やレベルに応じた課題をあたえるような工夫が必要です。例えば、学習内容を習得するために、計算ドリルの5番までを全員の課題とし、早く終えた子は10番まで、余裕のある子は発展プリントに進む……などの工夫が考えられます。

学校での学習のよさを生かした授業で、保護者を安心・満足させましょう。

+one point！

子どもから、塾の様子を聞くことで、授業の参考にしたり、塾とは異なる学校ならではの授業の工夫に役立てたりすることができます。

これは避けたいNG対応

「学校の授業は塾とは違うんだよ」などと、塾に通う子を否定するような態度は避けましょう。子どもや保護者の不信感を大きくしてしまいます。

Chapter 4 授業場面から起きたトラブルの保護者対応術

学習進度に影響をおよぼすからと、成績の悪い子を特別支援学級などに入れてほしいと言われたとき

学習進度の遅れを、成績の振るわない子や、学習態度が悪い子の存在を理由にする保護者がいます。我が子本位で、「あの子を別の教室で学習させてほしい」などと無茶な要求をしてきて困ってしまいます。

★………学習進度は何があっても守る

そもそも、学習進度に遅れが出るのは、成績が振るわない子の責任ではありません。教師が、子どもたちそれぞれの理解力を把握した上で、学習計画をしっかり立てて進めなくてはなりません。保護者から苦情がくるというのは、同じ学年の他のクラスとの調整ができていない証拠でもあります。学年の連携をしっかりとり、子どもの実態を考えながら学習計画を立てて授業を進め、保護者に不安を感じさせないことが、最大のクレーム予防になります。

★………苦情を言う保護者に惑わされない

こうした苦情には、基本的に耳を貸さないことです。ケガをさせられたり、精神的ダメージを受けたりしているわけではないので、「あの子のせいで、勉強が遅れる」などと言い切ることはできません。

「私の授業の進め方が悪いのです。子どもたちや他の保護者も、あの子を応援してくれています。ご理解ください」
といった返し方で納得してもらいましょう。それでも苦情を言うようなら、「他の保護者の意見を聞いてみます」と提案します。ほぼ100%の確率で、申し出を引き下げるはずです。

★ 必要に応じて学校対応を

何度もしつこく苦情を言ってくる保護者には、管理職に対応してもらうしかありません。管理職が出てくるまで、こうした苦情を述べるのは、担任の努力不足で問題が改善されない場合か、当の保護者に相当な差別意識や担任批判意識がある場合かが考えられます。

一つの問題が解決しても、また別の苦情を次々と申し立ててくる可能性があります。特別対応が必要な保護者として、学校全体でマークしておく必要があります。

学習計画に沿って授業を進めることが、保護者の苦情を防ぐことに。

＋one point！

問題視されている子のよさを伝えて、同じクラスの仲間として認め、理解してもらうように働きかけるのも、担任の大切な役割です。

これは避けたいNG対応

苦情を言う保護者に、「私も困っていまして……」などと賛同するのは厳禁です。子どもの人格を傷付けることになる上、人としての信頼を失います。

Chapter 4　授業場面から起きたトラブルの保護者対応術

発言や発表の指名に「ひいきがあり、自分の子どもが活躍させてもらえない!」と言ってきたとき

発言の機会は、できる限り気を付けて、どの子も平等に指名するように心がけているのですが、「うちの子は当ててもらえない」「ひいきしている」などとクレームを言ってくる保護者がいて、困っています。

★………甘んじて苦情を受ける

このような苦情には、絶対に「そんなことはありません」などと、相手の言い分を否定するような対応をしてはいけません。こうした苦情がくるのは、子どもが担任から冷遇されていると、保護者が感じているからなのです。教師にそのつもりがなくても、甘んじて苦情を受け入れ、自身の子どもとの関わり方を反省しなくてはなりません。「ご指摘ありがとうございます。気を付けて取り組みます」くらいの気持ちで、後の指導に生かす方向で考えましょう。

★………子どもとの関わりを見直す

このような苦情は、成績の悪い子やクラスで目立たない子の保護者より、理解力が早い「できる子」の保護者に案外多く見られます。特に公立学校では、できる子は手がかからず、それゆえに放っておかれがちになります。教師は、どの子にも「先生は気にかけてくれている」と感じてもらわなくてはなりません。

クラス全員の一日の様子も記憶することができているか？　このような苦情がきたら、自身の教師としての心構えを振り返り、日々心して子どもの前に立つよう心がけましょう。

★………授業参観はアピールの場

　授業参観は、どのような方法で授業を進め、どのような雰囲気で子どもたちが学んでいるのかを、保護者に理解してもらう絶好のチャンスです。ですから、必ずすべての子どもに、一度以上は発表したり意見を言う機会をつくらなければなりません。そして、できれば、そのときの教師の発問に対して、考えを発表する形式のものが理想的です。

　もちろん、全員の子どもに発言させるためには、日頃から、全員が発表する機会のある授業を行わなくてはなりません。

子どもとの関わり方を見直す機会にすることで、保護者も安心する。

＋one point！

子どもの挙手に頼る授業では、すべての子の発言機会が保障されません。授業では、教師の意図的な指名によって発言をさせましょう。

これは避けたいNG対応

自身の実践を反省するのは大切ですが、苦情を言ってきた親の子を、特別に活躍させるなど、親におもねるような対応は避けましょう。

Chapter 4　授業場面から起きたトラブルの保護者対応術

宿題に対して、課題の量や内容など、何かと苦情を言ってくるとき

「塾が忙しいので宿題を出さないでほしい」「しっかり勉強させたいから宿題を多くしてほしい」などと、宿題については相反する要望が出ます。「難しすぎる」「簡単すぎる」という苦情もあり、困ってしまいます。

★………保護者の意見に揺れない

　宿題の内容や量について、強く要望してくる保護者がいますが、圧倒されて、その人の要望を受け入れることのないようにしましょう。特に宿題は、「多すぎる」と言う人もいれば、「少なすぎる」と言う人もいます。保護者一人ひとりがそれぞれの考え方をもっています。例えば、一人の声の大きい保護者の要請を受け入れると、反対意見の保護者から必ず苦情がきます。そうなれば、抜き差しならない状況に陥り、宿題の量に関する苦情どころでは済まなくなってしまいます。

★………年度始めに宿題の量を伝えておく

　保護者から苦情や要望が出るのを防ぐために、そして、苦情が出たとき揺るぎない対応をするために、一番初めに宿題を出す前に、「基本的に漢字・計算練習を毎日。隔日で日記」「学校で学習したことが宿題の基本」などと、宿題の量や内容について宣言しておきます。
　年度始めは、子ども同様に保護者も、案外すんなりと担任に従ってくれる時期ですから、この時期に明確に申し伝えておきましょう。

★………教師としての「宿題論」をしっかりもつ

　宿題は、何のためにあるのでしょう？　日頃から宿題について、考えたことはあるでしょうか？　そもそも、教師として、「宿題を出すのは、このため」と、堂々と説明することができないから、保護者から宿題についての苦情や要望がきたときに、困ってしまうのではないでしょうか。学校の授業を補足するため、反復練習で確実に習得させるため……。教師によって、それぞれ「宿題論」は異なりますが、自分なりにしっかり考えておくことが必要です。

苦情に揺れない一貫した姿勢が、トラブルを防ぐことになる。

＋one point！

校区や子どもの実態に配慮して、宿題の出し方を考えることも必要ですが、基本的に、常に同じスタンスを保つことが大切です。

これは避けたいNG対応

極端に多量な宿題は、苦情はきても評価されることはありません。多くの親にとっても、宿題は悩みの種なのです。

Chapter 4 授業場面から起きたトラブルの保護者対応術

6 子どもが教科書や教材をなくしてしまったから、再度、新しいものをもらえないかと要求してきたとき

教科書は、年度始めにいつも無償でもらうので、教科書をなくしたら、無償で再給付されると勘違いしている保護者がいます。また、時折、貸し出したノートが返ってこないこともあり、対応に困ってしまいます。

★………教科書の話をして配付

保護者の多くは、義務教育だから、教科書はただでもらって当然と思っています。つまり、教科書が無償で配られるようになった経緯や意味を教えられてこなかったということです。子どもに、「昔、教科書はお金を払って買っていた」と話すと驚きます。それだけ、今の日本は恵まれているということや、子どもの教育を充実させるための先人の苦労、そして、子どもは未来の日本を背負う者として期待されているということを、教科書を配るときに話すことが大切です。

★………紛失したときの対応策を提案

教科書をなくすと、「新しい教科書を」となりますが、特に新しい教科書でなければならないわけではありません。同じ教科書であれば、少々汚れていても、授業に差し障りはないのです。近所や知り合いから、教科書をもらうことも可能ですから、そのような提案もしてみましょう。「新しいものは、お金がかかりますから……」と保護者に提案しながら、基本的に教科書は初回のみ無償給付で再給付はされず、紛失の際は購入しなければならないことを伝えます。

★……貸し出しノートはしっかり管理する

　ノートを忘れた子のために、貸し出し用のノートが準備されているクラスもあると思います。ところが、一度貸し出すと、なかなか返ってこないことがあります。ノートが何冊もあると、どのノートを、誰に、いつ貸し出したのかが分からなくなってしまいます。それで、結局、うやむやになってしまうことがよくあります。貸し出しノートは、誰に、いつ、貸したかを記録するなどして、しっかり管理しましょう。うやむやにすると、ノートや筆記用具は教師から無償でもらえるのが当然と感じるようになり、子どもにとってもよくありません。

無償化にこめられた願いを伝えて、大切にする気持ちを高めよう。

＋one point！

日本国憲法第26条第2項「義務教育は、これを無償とする」に基づき、昭和44年に小学1年生〜中学3年生の教科書が無償化されました。

これは避けたいNG対応

教師個人の教科書であっても、子どもに譲ってはいけません。正式なルートで、ちゃんと購入してもらいましょう。

Chapter 4 授業場面から起きたトラブルの保護者対応術

体育や学級活動など、授業中に子どもがケガをしたとき

教師がもっとも気を遣うのが、授業中、自分の目が届くところで、子どもがケガをしたときです。「なぜですか？ 先生が見ていたはずなのに」と、不信感をあらわにして苦情を言ってくる保護者もいます。

★………ケガの状況を詳細に確認して謝罪

授業中という、もっとも安全を期さなければならない場面でのケガです。「知らなかった」では済まされません。どのような状況でケガをしたのか、その状況を詳細に確認した上で、保護者に説明する責任があります。たいていの事故は、不測の事態が原因で起こる場合がほとんどですから、事実が明確になれば、「うちの子にも悪いところがあった」と理解してくれる保護者が多いものです。大切なのは、教師に落ち度がなかったとしても、謝罪のひと言を述べることです。

★………事後のフォローに万全を期す

病院に行ったほうがよいと判断したときは、病院選びや診察・治療の許可を保護者から得る必要があります。そのためにも、すぐに保護者と連絡を取り、迅速な対応を心がけます。そして、大切なのは、「その後」です。病院に行く行かないにかかわらず、しばらくはこまめに子どもの様子を観察したり、調子を尋ねたりして、連絡帳や電話で学校での様子を伝えることを忘れないようにしましょう。この一手間が、保護者の安心と信頼を得ることになり、その後の対応が、ずいぶんと楽になるのです。

★……… 万が一を考えた危機管理体制を

　そもそも、授業中にケガをさせないことが基本です。体育や身体を動かす活動、ハサミやナイフを使用する学習、校外学習などでは、特に安全管理計画をしっかり立てて授業に臨まなくてはなりません。

　事前に、学級通信などで、安全を期して、どのような指導をしているかを保護者に伝えておくのも効果的です。活動中は、子どもに無理をしないように呼びかけたり、ふざけないように指導したりするのは当然ですが、万が一、ケガをしたときの対処法を考えておくことが必要です。

詳細な状況説明と、謝罪のひと言が、大きなトラブルを防ぐ。

＋one point！

日頃から小さなケガにも苦情を言ってくる保護者には、ケガの程度にかかわらず、必ずこちらから連絡を入れるように注意しましょう。

これは避けたい NG 対応

「自分に非はない」といった対応は厳禁です。親の態度を硬化させ、教師への不信感は増大し、大きなトラブルに発展するおそれがあります。

Chapter 4 授業場面から起きたトラブルの保護者対応術

テストの採点や通知表の評価に納得できないと文句を言われたとき

テストの採点や通知表の評価には、十分気を付けているのですが、それに納得できないで、苦情を言ってくる保護者がいます。どのように対応すれば納得してもらえるのか、悩んでしまいます。

★………明確な基準を意識した採点を

　テストの採点で、「納得できない」と苦情が出るのが、記述式の問題です。些細な表現の違いで、正解と不正解が分かれる場合があるので、子どもや保護者にすれば、なぜ不正解になるのか疑問を感じるのも無理のないことです。結論から言えば、この手の苦情は、正解の基準を教師が説明しないことが原因です。テストを返すとき、「この理由で、こういう解答は不正解」と、明確に子どもに説明しておかなくてはなりません。そのことによって、後になって保護者から苦情がきたとしても、明確な説明ができることになるので、対応が十分可能になります。

★………自信をもって説明する

　通知表の評価に関する苦情がきたときの対応で大切なことは、自信をもって堂々と説明することです。説明があやふやだったり、自信なさげに対応したりすると、相手に、「正当に評価されていない」感を確信させることになります。自信をもって説明するためには、客観的な資料と、具体的な学習場面がいつでも提示できる心づもりで、通知表をつけるように心がけなくてはなりません。

★……… 評価の意味を伝える

　学校の評価は、それが子どもの価値を決める性質のものではありません。あくまでも、評価を基にして、子どもの学習意欲を喚起したり、後の励みにしてもらったりと、子どものよりよい成長を促すためのツールのひとつです。しかし、子どもや保護者には、このような評価の意味は、理解しづらいと考えなくてはなりません。ですから、学校便りや学年通信、保護者会などで、通知表のねらいを説明して、理解してもらうことが重要です。

具体的に自信をもって評価の説明をすることで、保護者は納得する。

＋one point！

通知表を子どもに手渡すとき、「ここは、力をつけてほしいから」と、期待と励ましの言葉を添えるようにしましょう。

これは避けたいNG対応

苦情を言われたからと、安易に採点基準や評価を変えてその場逃れをすると、さらに保護者に不信感をあたえることになってしまいます。

column 4

誠意は通じるもの

　結婚し、今はもう、一児の母親になっている教え子のB子から、毎年年賀状をもらいます。笑顔のかわいい、とても素直な女の子でした。そんな彼女からの年賀状を見ると、若い頃の苦い経験がよみがえってきます。

　その日の体育は鉄棒でした。子どもたちはみんな、足かけ回りをした後に、そのまま鉄棒に足をかけ、またいで飛び降りる技を練習していました。そうした状況のなか、B子は足を鉄棒にかけることができなくて、何度も練習を繰り返していました。何とかできるようになってほしいと、私自身も、むきになって指導していました。

「もっと手でしっかり鉄棒を持って。次に足をかけて……」

　そのときです、バランスを崩した彼女が、鉄棒から落下してしまったのです。慌てて駆け寄ると、肘から先がおかしな形で曲がっていました。

「複雑骨折ですね。これは、手術しなくてはいけません！」

　整形外科のドクターの言葉に、彼女に何と詫びていいのか分からず、ただ黙って彼女と母親を見ているばかりでした。仕事を切り上げて病院に駆け付けてきた父親は、事の次第を聞くと、ギッと私を睨み付けて、何か言いたそうにしてはいましたが、黙ったまま通り過ぎてしまいました。私が指導していた目の前で、大きな事故を起こしてしまったのです。私の全責任と言っても過言ではありません。「もし、このまま腕が自由に動かなくなったらどうしよう」「手術の傷痕は残らないだろうか」……彼女に対して、本当に申し訳ない気持ちでいっぱいでした。

　償いというわけではありませんが、次の日から毎日放課後、彼女の病室に見舞いに通いました。容体が少し落ち着いても、個人授業を行うために、毎日病院に通い続けました。そして、3か月後の退院の日のことです、

「先生、毎日ありがとう。先生の気持ち、うれしかったよ！」

　肩にポンと手を置かれ、彼女の父親からその言葉を聞いたとき、何となく認めてもらえた気がしたのを、今でもはっきりと思い出すのです。

Chapter 5

友達関係 場面から起きたトラブルの
保護者対応術

保護者にとって、もっとも関心が高く、
大きな悩みの種になるのが、子どもの友達関係です。
保護者の苦情は真摯に受け止め、
相談には誠実に向き合い、子どもにも保護者にも、
安心してもらいましょう。

Chapter 5　友達関係場面から起きたトラブルの保護者対応術

1 子どもがケンカで暴力をふるい、一方が大ケガを負ったとき

ケンカは、子どもにとっての大切な学びの場です。しかし、暴力は許されるものではありません。カッとなって暴力をふるい、一方が思わぬ大ケガを負ったとき、保護者への対応は、どうすればよいのでしょう。

★………チームで迅速に対応

　ケガをした子どもへの対応、ケガをさせた子や周りで見ていた子からの事実確認など、双方の保護者と面談する前に、やり終えておかなくてはならないことがたくさんあります。これらは、担任一人での対応は不可能ですから、同じ学年の教師たちや生徒指導主任などと協力して対応します。事実確認とケガへのフォロー、暴力をふるったことへの指導など、迅速かつ的確に行い、保護者に面談する時点では、学校でやるべきことをやり終えた状態で臨むことが重要です。

★………加害児童の保護者には

　ほとんどの加害児童の保護者は、相手の子にケガをさせて悪かったと感じています。ですから、子どもがとても反省し、後悔していることを、指導したときの子どもの様子を添えて伝えるようにします。教師は、加害児童の敵ではないと伝えるのです。教師が我が子を心配し、寄り添ってくれると感じた保護者は、我が子の非を受け入れ、納得して相手への謝罪に応じてくれるものです。このような事例対応のポイントは、加害児童の親を、「申し訳なかった」という気持ちにもっていくことです。

★……… 被害児童の保護者には

　加害児童の保護者に対しても同じですが、特に被害児童の保護者には、ケガをするに至った状況を、詳細かつ正確に伝えなくてはなりません。ケガをさせられたとはいえ、基本的にケンカは双方に責任があるので、事実を説明していくと、我が子にも落ち度があることに気付くのが必然です。その上で、ケガをさせた子も、保護者も、心から反省し、謝罪していることが分かれば、気持ちを収めざるを得なくなるはずです。実際に、そのようなケースがほとんどです。

詳細な説明と、子どもを思いやる対応が、双方の親を納得させる。

+one point !

加害児童の保護者も、被害児童の保護者も、冷静で、話し合いがうまくできそうなら、双方の保護者が直接出会って話し合うのが理想的です。

これは避けたい NG 対応

教師のフォローは必要不可欠です。「保護者同士で話をつけてください」というような態度は、結果として担任責任を問われることになります。

Chapter 5　友達関係場面から起きたトラブルの保護者対応術

子どもがクラスで孤立しているのに、適切な対応をしてくれないと言われたとき

休み時間やグループ活動で一人になることが多く、友達関係が築きづらい子がいます。友達に馴染めるように手立てを講じていますが、思うようにいかず、保護者からの苦情も入って、対応に苦慮してしまいます。

★………手立てを保護者に伝え続ける

　特定の子が孤立していたら、教師が何の手も打たないはずはありません。しかし、その姿勢が保護者に伝わっていないがために、「何もしてくれない！」と保護者から苦情がくるのです。孤立の初期段階から、子どもの気になる様子と、授業中や休み時間に行っている手立てを保護者に伝えるようにします。保護者から相談や苦情が来る前に、こちらから伝えるのが理想です。そのためには、それなりの観察力と指導力が必要ですから、孤立しがちな子に気付いたら、すぐに他の教師と相談して、さまざまな手立てを講じ、保護者に伝えるようにしましょう。

★………保護者と共に考える姿勢を

　孤立しがちな理由としては、それまでの友達関係などが考えられます。保護者も、我が子が孤立しがちだと分かっているので、何とかしてほしいと不安を抱いている場合がほとんどです。ですから、苦情には、保護者の立場になって真摯に受け止める姿勢が必要です。教師も心配していること、何とか解決したいと観察と対策を講じていることを伝えましょう。保護者と同じように悩み、共に解決したいという決意を見せることで、保護者も納得し、協力も

してくれます。

★………教師が意識して関わりをもつ

　孤立する子を、保護者が出てくるまで教師が放置しておくなどということは、あり得ないことですが、万が一、そうした状況を教師が見逃してしまい、保護者から苦情がきた場合は、教師が考えている以上に子どもの孤立感は強いと考えるべきです。そして、子どもの気持ちに気付かなかった自身を厳しく反省しなくてはなりません。これまで以上に、その子の様子を注意深く観察し、関わりをもち、保護者との連絡も取り合うようにして、孤立の原因や対策を探ることが必要です。

早めにこちらから伝えて、保護者と共に解決することが大切。

＋one point！

他の子にも十分目を向けて観察し、故意に孤立させている雰囲気を感じたら、いじめも視野に入れて相応の対応をする必要があります。

これは避けたいNG対応

解決してから保護者に連絡したいところですが、時間をかけすぎると、かえって保護者の不安が増して、苦情が出ることになります。

Chapter 5　友達関係場面から起きたトラブルの保護者対応術

いつも力の強い子の言いなりで、自宅にも入りびたられていると相談を受けたとき

> 力に任せて、友達を自分に都合よく使う子がいます。特に、教師の目が離れたときに、それが顕著になります。弱い子の自宅に入りびたることもあり、保護者から相談されることがよくあります。

★………「家庭のルールづくり」を進言する

　立場の弱い子の保護者は、我が子がいじめられてはいけないからと、立場の強い子どもやその保護者に申し出ることができずにいます。それで、学校に、こうした相談がよく舞い込むのですが、例えば、「親がいないときは、友達を呼ばない」「友達を家に呼ぶのは〇曜日の〇時まで」といったルールをつくり、厳しく守らせるように進言します。強い立場の子も、「親がうるさくて」と言われれば、弱い子の家に押しかけて入りびたることはありません。

★………実情を伝える

　被害をおよぼす立場にある子の保護者にも、実情をしっかり伝えて指導してもらわなくてはいけません。おそらく、親は自分の子どもが、相手方の子どもの家庭にまで迷惑をかけているとは考えていません。可能であれば、相手方に謝罪のひと言を伝えてもらうようにと要請して、丸く収めてもらいましょう。このときの伝え方で大切なことは、「今、指導して直しておかないと、子どもにとってよくない」と、子どもを心配する教師の気持ちを前面に押し出すことです。

★⋯⋯⋯保護者同士のトラブルには介入せず

　このようなケースでは、保護者同士がもめてトラブルになることがよくあります。どちらかの物言いがきっかけで、互いに冷静さを失い、相手の非難合戦に発展してしまいます。そうなったら、教師・学校の守備範囲ではありません。やんわりと相手の言い分を聞き流すにとどめて、双方の言い分にも、決して賛同したり、助言したりしてはいけません。

　子ども同士の関係を悪化させず、正常に戻すことだけに力をそそぐことに努めることが、担任・教師の本分です。

具体的な対策法を進言することが、悩んでいる保護者を救う。

＋one point！

双方の保護者には、「恐縮しておられました」「心配しておられました」など、相手方のことを悪く思わないような伝え方に気を配りましょう。

これは避けたいNG対応

被害をおよぼす子の保護者には、実情を話しづらいものですが、黙ったままにしていてはいけません。後で大きなトラブルのもとになります。

Chapter 5　友達関係場面から起きたトラブルの保護者対応術

④ 友達に金品を要求されていると相談があったとき

自分の子が友達にお金や品物を要求されていることを知り、学校に相談にくる保護者がいます。これは非常に重大な事態なので、どのような対応をすればよいのか、迷ってしまいます。

★……「対策会議」を招集して、迅速に対応

　金品の強要となれば、重大な事態です。一度や二度のことではない可能性が大です。すぐに生徒指導主任や管理職に報告して、本人と保護者に来校してもらい、事実確認を行わなければなりません。その後、対策会議が招集されますから、そこで、他の子どもへの聞き取り、被害児童の保護、加害児童の指導と保護者への対応などが話し合われます。
　この対応の流れは、「いじめ防止マニュアル」のようなものによって、各学校で決められていますので、それに従って、迅速に動くよう努めましょう。

★……保護者と子どもを安心させる

　被害を受けた子どもと保護者には、学校が、このようなケースに対しては、全力で取り組む姿勢であることを伝え、安心してもらうようにしなくてはなりません。そのためにも、連絡をしてきてくれた保護者に、感謝の意を伝えます。また、子どもと保護者は、「学校に知らせたことで、さらにいじめがひどくなるのでは？」と、不安な気持ちでいっぱいです。必ず学校全体で守ること、些細なことでも相談にのることを伝えて、不安を取り除いていくことに力を尽くしましょう。

★……… 保護者の気持ちを代弁する

　加害児童には、自分がしたことが、決して許されない行いであることを認識させ、反省させなくてはなりません。保護者に連絡して、指導に協力してもらうのも、それが目的です。保護者には、子どものために、今後の対応があることを伝え、少々厳しい指導であっても理解してもらいます。

　また、保護者がどれだけ辛い思いをしているか、心配しているかを、保護者の前で加害児童に言って聞かせます。保護者には、学校の思いを理解してもらうことになり、指導に対する理解と協力が得られます。

教師・学校の断固たる姿勢が、保護者に安心感をあたえる。

＋one point！

加害児童に対して、「悪いことは悪い」と、明確に厳しく指導することも、子どもの成長を願う教師の姿勢です。

これは避けたいNG対応

このようなケースは、いじめの重大事項にあたる可能性が極めて大きいです。単なる金品のトラブルと、簡単に考えてはいけません。

Chapter 5　友達関係場面から起きたトラブルの保護者対応術

5　放課後や休日に、商店やゲームセンターなどでたむろしていると報告を受けたとき

地域の住民や商店の関係者などからの通報で、子どもが、放課後や休日に、店先やゲームセンターなどで、たむろして騒いだり、ゴミを散らかしたりと、迷惑行為を行っていると通報を受けることがあります。

★………直接、足を運んで謝罪と状況把握を

通報のあった商店やゲームセンターなどは、子どもの行為で迷惑を被っています。放課後や休日などの学校の管理外で起こしたこととはいえ、足を運んでおくべきです。まずは、謝罪の言葉を述べ、その後、状況を詳しく聞くようにします。迷惑行為があった最新の日時、おおよその学年、人数、迷惑行為の頻度など、子どもを指導するために必要な情報を集めます。また、子どもの気になる行為については、学校に連絡を入れてもらうよう、協力をお願いしておきましょう。

★………情報を整理して子どもを指導

地域住民や商店関係者、さらに子どもなどから得た情報を整理すると、迷惑行為を行った子どもが、おおよそ分かってきますが、子ども自ら名乗り出るように指導することが大切です。また、子どもを特定する過程が、他の子どもたちへの迷惑行為抑止指導につながります。子どもが特定できたら、どのような迷惑行為があったか、他にしてはいないか、親はそのことを知っているか……確認して指導を行います。そして、二度としないこと、迷惑をかけた相手への謝罪を約束させましょう。

★⋯⋯⋯保護者に伝え、再発防止の協力を要請

　迷惑行為を行った子の保護者への連絡は、事実確認と子どもへの指導が終わった後に行います。地域やお店の人に迷惑をかける行為を認め、素直に反省し、今後は気を付けると約束したことまでを伝えれば、保護者は、学校の対応に納得してくれます。そして、ほとんどの保護者が、子どもの行為と自身の指導力不足に申し訳なさを感じます。

　放課後や休日の管理や指導は、保護者の責任であり、学校としても、再発防止のためには保護者の協力が必要不可欠です。

子どもの納得・反省を伝えることで、保護者は進んで協力してくれる。

＋one point！

このようなケースをきっかけにして、全校の子どもたちにも、放課後や休日の過ごし方を指導することが大切です。

これは避けたいNG対応

地域や店への謝罪は、保護者の判断に任せましょう。教師が独断で行うと、それを非難する保護者もいて、別のトラブルのもとになります。

Chapter 5 友達関係場面から起きたトラブルの保護者対応術

メールやSNS、インターネットでの トラブルの相談をしてきたとき

最近では、自分専用のスマートフォン、携帯電話やパソコンを持っている小学生が増えてきました。それにしたがって、メールやSNS、インターネット上のトラブルが急増し、対応に困っています。

★………個人情報侵害や漏洩の対応は迅速に

　勝手に我が子の写真や住所などを、インターネット上に掲載されたと、苦情を言ってくる保護者が増えました。このようなケースの対応は、迅速さが重要です。作成した子の掲示板やブログなどを確認し、その子と保護者にすぐに連絡します。次に、情報の削除を要請し、処理してもらい、念のためにプロバイダーにも削除の確認をします。すべての処理を終えた後に、被害児童と保護者に連絡をし、加害児童と保護者と面談などをして、謝罪をしてもらいます。

★………徹底的な指導で再発を防ぐ

　メールで友達の悪口を回したり、SNSでのグループ外しをしたりと、ネット上でのいじめが社会問題にもなっています。大人が発見しづらいケースなので、分かったときには深刻な状態になっていることが多々あります。当事者を徹底的に特定し、詳細な事実確認と指導を行います。今どきの小学生のインターネットトラブルの深刻さを、保護者にしっかり認識してもらい、携帯電話やパソコンの管理を啓発して、再発を防ぐためにも、保護者同席の上で対応するのがポイントです。

★……マナーや危険性を日頃から教える

　内閣府の調査によると、小学生の携帯電話、スマートフォンの所持率は、2013年で40%弱となっており、今後増加するのは確実です。しかし、このような状況に対して、学校でのインターネットトラブル防止教育や、ネットリテラシー教育は、それほど進んでいないのが現状です。

　今後は、インターネットトラブルへの対応が増えるはずです。すぐにでも、子どもに、危険性やマナーを教え、保護者の管理強化への啓発を始めなくてはなりません。日頃の対応策が、大きなトラブルを防ぐことになります。

被害児童の保護者が納得するまで粘り強い対応をし、事後の監視を怠らない。

＋one point！

スマートフォンの所持について、各自治体では条例を作って、保護者の管理責任を強化しています。学校でも呼びかけていきましょう。

これは避けたいNG対応

学校のきまりを守らせるための指導をおろそかにして、スマートフォンやパソコン使用のきまりを守らせることは不可能です。

Chapter 5 友達関係場面から起きたトラブルの保護者対応術

7 集団でのいじめが発覚したとき

いじめは、一人対複数人で行われますが、近頃は一人対学級、一人対学年といった、顕著なケースが増えています。多人数でのいじめが発覚したとき、どのような手順で対応していけばよいのでしょうか。

★………まずは被害児童に寄り添い、謝罪する

いじめられている子は、クラス全員から避けられている可能性があります。小学生の子が、過酷な状況におかれているのです。「このような状況で、よくがんばった！」「つらかっただろう！」と、その子に寄り添ってあげましょう。そして、「気付かなくて悪かった」と、自分の力のなさを認め、謝罪しましょう。教師が、いじめを認めようとしない姿勢、自身の責任から逃れる態度は、人として、教師としての誠実さを欠くものであり、保護者の不信を招きます。誠実な姿勢こそが、保護者（特に被害児童の保護者）の信頼を得るために必要です。

★………加害児童の保護者の協力を得る

もっとも積極的にいじめを行ってきた子の保護者との面談は、避けて通れません。必ず、加害児童の保護者との話し合いの場をもちましょう。面談のポイントは、「子どものために保護者の協力が必要不可欠」ということを前面に押し出して、話し合いを進めることです。例えば、「いじめられているA君はもちろん、みなさん（加害児童たちの保護者）のお子さんにとっても、これからが大切。ご協力お願いします！」といった具合です。そして、加害者

扱いをされたと受け取られないように配慮することが重要です。

★………事後のフォローと再発防止の徹底を

　報告を受けてから後の教室での対応が、もっとも重要です。いじめられた子の多くが、グループから外れる、からかわれやすい、非難を受けやすいといった立場におかれます。注意深く観察を継続し、機会あるごとに指導するようにします。保護者も相当心配していますから、子どもの様子や指導の様子を定期的に報告し、少しずつ不安を取り除いてもらうよう努めましょう。

現実から目をそらさない誠実さが、保護者に安心をあたえることに。

＋one point！

　いじめの兆候は、あらゆるところに存在しています。日頃から「いじめの芽」を発見する力を高め、早期に解決するように心がけましょう。

これは避けたいNG対応

　「単なる遊び」と子どもに同調して放置しておくことのないよう、感覚を磨き、日頃からいじめと徹底的に闘う姿勢を見せましょう。

Chapter 5 友達関係場面から起きたトラブルの保護者対応術

8 他校の友達と一緒にトラブルを起こしたとき

習いごとやスポーツクラブ、塾など、子どもたちの交友関係は広がっています。それに伴い、他校の友達とのトラブルも増えています。このようなケースでは、どのような対応が必要なのでしょうか。

★教師同士の連携を忘れずに

　一昔前のような他校の子とのケンカや争いは、ほとんどなくなりました。今は、他校の子と一緒に、ゲームセンターや店で迷惑行為におよぶケースが増えています。このようなケースでは、自校の子だけを指導しても効果は薄く、再び同じようなトラブルを引き起こしてしまいがちですから、他校の教師との連携が必須です。どのようにして知り合ったのか、どのような付き合い方なのか、他の子との交流はないのかなど、双方で事実確認をして、同じ方向性で指導していきましょう。

★一堂に集まり、話し合う

　トラブルの内容によっては、双方の保護者を交えて話し合う場を設定する必要があります。誰が主となってトラブルを起こしたのか、責任の軽重をどのように判断し、どのような指導が必要なのか……。細かなところまで確認し、指導する必要が出てくるので、それぞれの学校で別々に対応すると、認識が異なり、保護者同士のトラブルにも発展しかねません。そうなると問題が複雑になり、子どもの指導もより困難になってしまいます。保護者の理解を得て、一堂に会しての話し合いを実現させましょう。

★保護者との連携を密に

　学校で、放課後や休日の過ごし方について指導を行うのは当然であり、どの学校でもやっていることです。しかし、目の行き届かない時間の指導は、実質保護者に管理してもらうしかありません。校区外へは行かない、買い食いはしない、金銭の貸し借りはしないなど、自分の子の規範意識を高め、トラブルに巻き込まれないようにできるのは、保護者だけです。トラブルが起きたときはもちろん、日頃から保護者に啓発して、連携して子どもを守る意識をもってもらいましょう。

一堂に集まって話し合うことで、効果的な対応ができる。

＋one point！

クラスの子が、放課後にはどのような行動をしているか、会話や日記、個人懇談などで、ある程度把握しておくように努めましょう。

これは避けたいNG対応

相手校の指導について批判するのは避けましょう。相手に責任を押し付けると、それが子どもへの指導に影響してしまいます。

column 5

保護者への大きな提案

　6年生で受け持った男子児童のCは身体が小さく、低学年の頃から、友達からからかわれたり、嫌なことをされたりすることが多い子でした。そんな彼の様子を、母親もよく分かっているのか、「昔から、そういう（弱い）立場におかれやすい子だったものですから……」と、年度始めの家庭訪問や個人懇談で、「いじめられても仕方がない」と諦めたような口調で語っていました。母親の話を聞いていると、いくら担任に相談しても、改善がみられないまま6年生まできて、学校や教師に対して失望しているのだと感じました。そして、私には、母親が「学校や教師など、あてにできるものではない」と言っているように聞こえて、寂しさを感じるとともに、「私はそうじゃない」と、反対にファイトも湧いてきたことを憶えています。

　学級がスタートして、2週間ほどたったある日、掲示されていたCの写真に画鋲が差し込んであるのが見つかりました。あまりの卑劣な行為に、子どもたちに向かって怒りをぶちまけそうになりましたが、積年の課題が現れたのだと考え、クラスの保護者たちの協力を得ることにしました。学級通信で、事の次第を伝え、「いじめは再生産され、繰り返される」と、ここでストップをかけるべく協力をお願いしたのです。この通信に対して、何人かの保護者から直接の問い合わせもあり、地域ではちょっとした話題になりました。そして、その頃、いじめについて大きく報道されていた時期でもあったので、この件がきっかけになり、保護者も真剣にいじめについて考えてくれたのです。私は私で、授業や個別指導を続けながら、その都度、子どもたちの様子を保護者に伝えるようにして、みんなが気楽に安心して生活できるクラスづくりに努めていったのです。

　「楽しかった！　教室の中に楽な気持ちでいられて、本当に楽しかった！」
　卒業前に、うれしそうに言ったCの笑顔は、最高でした。

Chapter 6

学校行事 場面から起きたトラブルの
保護者対応術

どの保護者も、自分の子どもには楽しく自信をもって
活躍してほしいと願っています。
ただ、その思いが強すぎるあまり、
さまざまなトラブルが起きてしまいます。
保護者の気持ちを理解しながら、対応することが大切です。

Chapter 6 学校行事場面から起きたトラブルの保護者対応術

遠足や行事のスナップ写真や集合写真で不満を言われたとき

修学旅行や林間学校、遠足などで撮影・販売する写真に、「自分の子があまり写っていない」「集合写真のときの子どもの位置が悪い」など、自分勝手な不満を言ってくる保護者がいて、困ってしまいます。

★………怒らせないで受け流す

このような自己中心的な不満を言ってくる保護者が、たまにいます。誰が聞いても、おかしな話ですから、いくら厳しく言われたとしても、取り合わないのが基本です。ただし、あからさまに「常識はずれ」であると指摘するのは、相手を怒らせることになり、対応に苦慮することになります。「すべての子に配慮しているつもりです」「活動的で、なかなかとらえられなかったのでしょうか」などと、やんわりと受け流して、終わるようにもっていきましょう。

★………特別な配慮は行わない

厳しい要望がくるからといって、このような不満をまともに受け止め、学校が悪かったと謝罪したり、「次からは、配慮します」などと要求を受け入れたりすることは、何があっても避けましょう。このような自己中心的な保護者は、不満を言えば教師が対応してくれるものだと解釈すると、どんどん身勝手な要求をしてきます。クレームがひどくて、やむを得ず配慮が必要だと判断した場合であっても、苦情を言ってきたことが原因で学校が対処したのではないことを、押し通さなくてはなりません。

★………集団で学ぶ大切さを伝える

　学校は集団生活を学ぶところでもあります。集団で生活していると、個人の希望や意思が制限されるのが当然です。一つの委員会に複数人の希望者が集います。何かしようと思えば、多数決をとらざるを得なくなり、意に沿わないことをやらざるを得ない場合も出てきます。しかし、それが集団生活を学ぶことであり、社会の中で充実して生きていく力を身につけることになります。

　「思うようにはならないのが普通」ということを、常日頃から子どもや保護者に伝えていきましょう。

無理な要求には、保護者を怒らせないように受け流すことが大切。

＋one point！

このような保護者がいるクラスでは、集合写真はいつも同じ並び方ではなく、さまざまなパターンを考えておくことも必要です。

これは避けたいNG対応

要求を受け入れるか、拒否するかの基準が毎回ぶれてはいけません。常に同じ基準で判断しなければ、後のトラブルの種になります。

Chapter 6 　学校行事場面から起きたトラブルの保護者対応術

遠足や社会科見学の途中で子どもを見失ってしまったとき

> あってはならないことですが、遠足や社会科見学などの校外学習で、子どもを見失った話を聞くことがあります。そうならないように、また、そうなってしまったとき、どのように対応すればよいのでしょうか。

★……制限時間を決めて学校に連絡

　子どもがいないと判明したら、まず、引率教師で手分けをして、思い当たる場所を探します。今は、携帯電話で連絡を取り合うことができるので、見つかったら、本部（他の子どもたちを管理して待機している教師）に連絡を入れます。制限時間を過ぎても見つからない場合（例えば10分間探しても見つからなかったらなど）、学校に連絡をして、管理職の指示を仰いで行動します。

　日程の都合で、時間にも制限があります。迷子になった子はもちろんのこと、他の子どもたちへの配慮も必要ですから、管理職の判断に従って、粛々と行動しなくてはなりません。

★……危機管理体制を理解してもらう

　このような場合、当然、保護者への連絡は欠かせません。まず、保護者には、子どもから目を離してしまったことを謝罪します。そして、そのとき、計画や危機管理体制についての説明や、子どもが迷子になったときの状況と教師の対応の様子などを、詳細に伝えるようにしましょう。そのことで、学校の危機管理体制や対応がしっかりしたものであると、保護者に理解してもらう

ことがもっとも大切です。

★………迷子にならない対策をとる

　迷子になってしまってからでは、その対応は、そうとうたいへんになります。ですから、「絶対、迷子にさせない対策をとる」ことが、もっとも大切なことなのです。クラスや子どもの実態に応じて、必要であれば、子どもの活動を制限するような、厳しい措置をとらざるを得ない場合もあるでしょう。また、万が一迷子になったときは、どうすればよいのか（例えば、施設の人に伝える、待ち合わせ場所を決めておくなど）、その方法を具体的に子どもたちに伝えておくことも、重要な迷子防止策です。

しっかりした危機管理体制が、後の対応にも効果を発揮する。

＋one point！

迷子になった子は、とても不安な気持ちでいたはずです。指導は後日に回して、その日は優しく受け入れてあげましょう。

これは避けたいNG対応

思わず、大きな声で叱り飛ばしたくなりますが、迷子になって不安を感じていた子を、しかも学校外で厳しく叱るのは避けましょう。

Chapter 6 学校行事場面から起きたトラブルの保護者対応術

子どもが社会科見学で施設の物や設備を壊してしまったとき

社会科見学などの校外学習は気分が高揚し、思いもよらない行動をする子もいます。興味本位から施設の物や設備に触れ、壊してしまうことがあります。弁償なども頭をよぎり、その対応に困ってしまいます。

★………施設に連絡して即対応

故意であっても、事故であっても、施設の物を壊したことには変わりありません。すぐに、施設側の担当者に報告と謝罪をして、先方に事後の対応を検討してもらいます。学校側としては、子どもからの聞き取りをすぐに行い、事実を確認した後に、先方の担当者に報告し、子ども自身に謝罪させるようにします。破損が軽微で、特に補償が免除された場合でも、すぐに学校に連絡を入れ、後日、学校長からも謝罪してもらうようにしましょう。また、保護者にも必ず連絡を入れなくてはなりません。

★………「責任」を教える機会にしてもらう

人の物を壊したら、弁償するのは当たり前です。ほとんどの保護者は、納得して弁償に応じてくれるはずですが、たまに、「学校の責任」と主張して、弁償を拒否する保護者がいます。ここで問題になるのは、教師が、子どもをしっかり指導し、管理していたかどうかということですが、問題なければ、自信をもって保護者に対応することができるはずです。子どもが、学校側としては責任をもてない行動をしたことを伝えて納得してもらい、子ども自身が「責任」を学ぶ機会にしてもらうように説得しましょう。

★……… 指導を反省し、再発防止

　事故で物を壊すことはまれに起きるとはいえ、重要で高価な物を見学するときは、子どもの動きを集中して観察しなくてはなりません。故意に壊したとなれば、事前指導や児童管理に甘さがあったと言わざるを得ません。施設の中で、ふざけたり暴れたり勝手に触れたりするというのは、「子どもに自律心がついていない」「教師の統率力が弱い」など、日頃の指導に甘さがあることが原因であると反省して、以後の学級経営や生徒指導への取り組み方を変えていかなくてはなりません。

「子どもの教育」という視点で、保護者と話し合うことが大切。

＋one point！

子どもはもちろん、教師も誠心誠意、謝罪することが大切です。先方も弁償までは請求しない場合がほとんどです。

これは避けたいNG対応

学校行事で起こったことだからと、勝手に判断して学校が弁償するというようなことを口にしてはいけません。決めるのは管理職です。

Chapter 6 学校行事場面から起きたトラブルの保護者対応術

演劇会や音楽会などで、子どもの役割に保護者が不満を言ってきたとき

> 演劇会や音楽会で、自分の子どもに割り当てられた役割に対して、「こんな役ではやる気を失う」「もっと目立つ楽器を担当させてほしい」などと不満を申し立ててくる保護者がいて、困ってしまいます。

★………役割決めの正当性を貫く

　演劇会や音楽会などの行事では、配役や担当楽器を子どもたちに割り振って、協力させなくては成り立ちません。ですから、すべての子が希望通りというわけにはいきません。それが、集団行事というものです。ただ、どの子にも、平等にチャンスがなくてはいけませんから、希望者の中から話し合いやジャンケン、くじ引きなどで納得して決めるようにします。後で保護者から不満が出たとき、決め方に正当性があれば、何も恐れることはなく説明することができます。

★………本人に納得させておく

　保護者からの不満が、子どもの不満からきている場合が多々あります。「端役で、やる気をなくしている我が子がかわいそう」などの不満がそれです。希望から外れた子には、思うようにならなかったとき、どのような気持ちでがんばれるかが学びどころであること。また、希望通りの役割よりも、よほど良い勉強になることなどを、その場で説明して、気分を立て直してあげるようにしましょう。子どもがやる気をもってがんばる姿勢になれば、保護者の不満はなくなります。

★………「子どものため」と理解してもらう

　自分の子どもがかわいいのは、どの親も同じです。教師に不満を言ってくる保護者の言い分だけを取り上げるわけにはいきません。言葉には十分配慮しなくてはなりませんが、そのことを理解してもらうことに尽きます。

　「子どもたちが納得して決めた役割です。そして、どの保護者も、自分の子どもが一番という思いは同じです。それをご理解ください」

　公平さと正当性を前面に出し、何よりも「子どものため」という方針を伝えましょう。

正当性を前面に出しながら、絶対に譲らない姿勢を貫く。

＋one point！

日頃から、子どもにも保護者にも、「思うようにならないところで、どのような気持ちで取り組むかが大切」と、伝え続けていきましょう。

これは避けたいNG対応

一人の言い分を聞いて、役割変更などをしようものなら、他の子や保護者からの不満が次々と起こり、収拾がつかなくなってしまいます。

Chapter 6　学校行事場面から起きたトラブルの保護者対応術

5 運動会で競技ルールに口をはさんだり、観戦態度が悪かったりと問題を起こすとき

運動会に夢中になるのは、子どもだけではありません。ときに保護者のほうが夢中になり、競技ルールや結果に文句を言ってくる場合があります。最近では、保護者の観戦態度に問題があり、困ってしまいます。

★………明確な判定基準で公言する

　競技ルールや結果について、保護者からのクレームがあったからといって、判定を易々と覆したのでは、他の参観者が納得しません。判定を覆すも覆さないも、それ相応の理由が必要です。もし、クレームが出たら、すぐに本部で協議して、「このような意見が出て、協議した結果……」と前置きをした後、「この理由で、判定通り」「この理由で、判定を覆す」と、公に発表してしまいましょう。取り合わないでそのままにしておくと、さまざまな問題が後々出てくるおそれがあります。

★………PTA役員と連携して指導

　カメラ席以外の場所で、他の観戦者の目の前に立ちはだかって撮影し、迷惑を顧みない保護者。勝手に児童席に入ってきて、競技の進行を妨げる保護者……。何度注意しても聞き入れてくれない、身勝手な保護者の振る舞いには困ってしまいます。こうした対応には、教師だけの力では限界がありますので、PTA役員と協力して注意喚起をしていきましょう。また、事前に保護者会で呼びかけてもらったり、同じクラスの親同士で声をかけ合ってもらったりと、保護者仲間で注意し合うほうが効果的です。

★………適正な判定に努める

　我が子が懸命に走っている姿を目にすれば、保護者は熱くなり、勝ち負けにこだわってしまうものです。とはいえ、プロの競技ではないので、判定については大らかに見守ってくれています。ですから、クレームが出る場合のほとんどは、保護者から見て「あまりにもずさん」と感じられた場合だと思って間違いありません。小学校の運動会とはいえ、親も子も真剣に勝負に臨んでいます。厳密とはいかないまでも、「少々の反則は見逃す」といった判定はないようにして、誰が見ても適正に判定しましょう。

ややこしい判定は、基準を明確にして公言することで、苦情を防ぐ。

＋one point！

学校は教育の場です。「子どもたちのお手本になる行動をお願いします」と貼り紙をしたり、アナウンスをしたりするのも一案です。

これは避けたいNG対応

わずかなルール違反であっても見逃せば、他の保護者から非難されます。開場や席取りのきまりは、厳格に守ってもらうように呼びかけましょう。

Chapter 6 学校行事場面から起きたトラブルの保護者対応術

修学旅行や林間学校先で子どもが病気になったりケガをしたりしたとき

小学校生活の大切な思い出になる修学旅行や林間学校ですが、慣れない環境で体調を崩したり、疲れで思わぬケガをしたりと、トラブルも絶えません。このような事態では、どのように対応すればよいでしょうか。

★……子どもを安心させることが第一

　体調を崩したり、ケガをしたりして、一番不安を感じているのは、当の子どもです。数日間とはいえ、慣れない土地で、しかも親と離れて……。まだ小学生の子どもには、精神的な負担はそうとうなものでしょう。ケガや病気の症状は気になるところですが、救急車を呼ぶ程の状態でなければ、第一に考えなくてはならないのは、「子どもを安心させる」ことです。そのためには、教師が大騒ぎをしたり、不安そうにしたりしてはいけません。落ち着いて、「大丈夫！　大丈夫！」と言ってあげるくらいがちょうどです。

★……「想定内」で余裕をもった対応を

　遠方の地で宿泊を伴う修学旅行や林間学校などでは、「気分が悪くなったり、ケガをしたりする子どもがいるのは当然」と、あらかじめ想定の範囲内として考えておくようにします。すると、「ケガをした場合、誰がどのように動くのか」「病院に連れて行く判断はどうするか」「保護者へは、どの程度のケガや病気で報告するか」……。詳細までイメージしながら落ち着いて対応策を考えることができて、大慌てで対応を間違えるようなことも少なくなります。

★ ……… 保護者に心配をかけない

　保護者にもよりますが、ほんの些細な擦り傷程度のケガ、乗り物酔い、少し身体がだるいなどで、すぐに保護者に連絡をするのは考えものです。保護者も、子どもと離れてしまい、神経質になっています。実際に顔を会わせれば心配しないようなケガや病状であっても、遠く離れていることで、普段以上に心配してしまうのです。緊急に連絡する必要がない状態であれば、帰校後に電話や家庭訪問で伝えるということを、あらかじめ保護者に伝えておくようにしましょう。

子どもの安心を第一に考えて対応することを忘れずに！

＋one point！

緊急の場合は、現金が必要になります。万が一を考えて、手持ちの現金は多めに入れておきましょう。

これは避けたい NG 対応

些細なケガや少し気分が悪いくらいの症状だからと、保護者への事後連絡を怠ってはいけません。後で苦情がきたとき、言い訳もできません。

Chapter 6 学校行事場面から起きたトラブルの保護者対応術

特定の学校行事には出席させない他、内容の変更や取りやめなど無理な要求をしてきたとき

> 我が子を、日本の伝統的な行事に参加させることや、社寺の見学などに難色を示す保護者がいます。行事や見学そのものの中止要求をしてくる場合もあり、困ってしまいます。

★………行事の教育的意義を伝える

　七夕集会やひな祭り集会などの日本の伝統的行事を祝う集会を中止する学校が増えました。主な理由は、学校週5日制実施に伴う行事の精選となりますが、そこに加えて、特定の考え方を主張する団体などの影響により、日本の伝統的な行事が、小学校から消えていったといわれています。しかし、近年、自国の文化を知ることが、国際化社会で活躍するためには必要であると、日本の伝統文化が見直されてきました。そのような教育的意義を伝え、理解してもらうように努めましょう。

★………自由は認める

　行事に参加させない、見学に行かせない自由は、保護者の決定に委ねざるを得ません。しかし、自分の子どもが参加できないからといって、行事や見学そのものの中止を要請することが、許されていいはずはありません。相手にしてみれば、中止するのが正当ということになりますが、学校からすると遂行するのが正当です。しかも、公教育の立場ですから、大筋は間違っていないはずです。ごく一部の意見によって、実施を左右される必要はありません。

★ 同じクラスの子として接する

　行事や見学に参加しない子に対する配慮は、決して忘れてはいけません。もしかすると、本人自身は友達と参加したいと思っているかもしれまん。こちらにそのつもりはなくても、疎外感を感じることもあるでしょう。

　ですから、参加できない行事に関わる期間は、意見交流や集団遊びなど、触れ合いのある活動を増やしたり、意識して声かけをしたりして、その子と他の子どもたち、その子と教師とが関わることのできる学習を行うようにしましょう。

子どもに孤立感・疎外感を抱かせない配慮が必要。

＋one point！

行事の一部分の参加や、特定箇所の見学だけを拒む場合もあります。その場合は、ひと言かけて、疎外感を和らげてあげましょう。

これは避けたいNG対応

信条や信仰について、保護者と話をしたり、ましてや意見を闘わせたりすることは、絶対に避けるようにしましょう。

Chapter 6　学校行事場面から起きたトラブルの保護者対応術

8　運動会や音楽会などの練習中に、行きすぎた指導があったのではないかと苦情がきたとき

> 運動会や音楽会などは、大勢の保護者が参観することもあり、その指導にも力が入るものです。完成度を高めたいという思いから、つい厳しい指導になりがちで、時折、保護者から苦情が出る場合があります。

★……穏やかに対応し、姿勢は貫く

　大きな行事になると、自分なりの教育観や指導観をもって指導することになるので、熱が入るのも当然です。ですから、その指導に対する保護者からの苦情には、「何っ！」とカチンときてしまうものです。しかし、相手も同じく感情的になっています。ぶつかり合っても、話がこじれるだけですので、まずは、教師のほうが大人になって穏やかな対応を心がけ、相手の気持ちを静めることが先決です。冷静に話ができる状態にした上で、自身の指導への思いをしっかり伝えましょう。

★……詫びるところは詫びる

　練習中などは、思い入れが強すぎて、必要以上に厳しい口調で叱ったり、体力を消耗させたりしがちになります。指導のためとはいえ、少し行きすぎたと感じたら、真摯に謝罪することが大切です。「この子たちなら伸びると思って、つい厳しくしすぎました」という具合に、熱が入りすぎて厳しくしてしまったと伝えるところがポイントです。

　苦情を言ってきた保護者も、教師の情熱に対しては、心強く感じるはずです。

★……意識を高めて指導する

　保護者から苦情がくるということは、子どもが精神的・肉体的な苦痛を訴えているということでもあります。確かに、最近は忍耐力のない子が増えました。しかし、「体罰？！」と感じさせるか否かは、教師のやり方ひとつにかかっています。例えば、「みんなのがんばりで、いい演奏にしよう！」「少しつらくても、がんばろう！」と意思統一をしておくと、少々厳しい指導に対しても、「自分たちはがんばると決意した」と、納得して指導を受け入れるのが子どもです。「先生は自分たちのために厳しくしている」と、納得させて指導することが肝心です。

感情を抑えて、穏やかに。でも、行事にかける思いは貫いて。

＋one point！

運動場で子どもを叱る場合は、マイクを口から離して、地声で叱ります。近隣住民の迷惑にならないように指導することも大切です。

これは避けたいNG対応

子どもたちが身体的な苦痛を感じるほどの長時間練習を続けたり、耳にした人が不快に思うような罵声を伴う指導などは、絶対にしてはいけません。

column 6

無力感を味わう

　30代の半ばくらいのことです。転勤して3年目、私は5年生を担任していました。D子は、運動が得意で、身体を動かすのが好きな子でした。少年バスケットクラブに所属していて、クラブでも活躍するスポーツ少女でした。あっさりした性格で、何事にも張りきって取り組む明るい子でした。

　そんな彼女が、2学期を過ぎた頃から、急に荒れ始めたのです。授業態度が投げやりになり、言葉遣いも悪くなって、担任の私に反抗することが多くなってきました。髪の毛に色を入れて登校したときには、さすがに大きな声を上げてしまいました。ところが、毛染めの件で保護者に連絡を取ろうとしても、なかなかつながらないのです。母子家庭で、母親は忙しくしていたのは知っていましたが、いくら家に電話をしても、連絡帳を渡しても、何日も音沙汰がありません。D子に尋ねても、話が的を射ておらず、よく分からないのです。

　そうこうしているうちに、同じ通学区域の中学校の生徒指導教諭から、連絡がありました。それは、D子の母親が亡くなったという衝撃的な電話だったのです。D子は私が、中学生の姉は中学校の教師が、それぞれ母親が安置されている病院に連れて行きました。病院の廊下で、中学校の教師から、彼女たちの母親は、しばらく前から精神を病んでいたことを知らされました。

　D子が、急に荒れ始めたわけが、そこでようやく分かりました。母親が病気だという理由を知らず（考えもおよばず）、反抗的な彼女に、私はただただ厳しく指導するばかり。彼女が荒れたわけを、真剣に考えようともせず、苦しんでいる彼女を理解しようともせず……。なんとひどい担任だったことでしょう。

　子どもの変化の奥には、さまざまな事情が隠れています。子どもに寄り添い、子どもを分かろうとする気持ちがなければ、本当の子どもの姿は見えてきません。子どもの心の声を、わずかなサインからも聞き取ることのできる教師でありたいものです。

Chapter 7

日頃の努力でトラブル回避！

保護者との関係づくり&連携のポイント

トラブルは、起きないに越したことはありません。
いや、むしろ、起きないほうがいいに決まっています。
それでも、起きてしまうのが現実ですが、
そうであるからこそ、トラブルを未然に防ぐことが重要です。
これが、保護者の信頼と安心を得るための最大の方法です。

Chapter 7　日頃の努力でトラブル回避！　保護者との関係づくり&連携のポイント

ちょうどいい距離感キープ！
保護者との関係づくりは、ここを押さえる

保護者との関係づくりで、重要かつ難しいのが「距離感」です。離れすぎず、近寄りすぎず、はどよい関係づくりのために、押さえておきたいポイントがあります。

★………「担任理解」に努める

　年度始めの保護者は、担任がどのような人物であるのか興味と不安を感じています。どのような考えをもち、どのような人となりなのかが分かってはじめて、安心して付き合うことができるのです。ですから、保護者に対して行うべきことは、できるだけ早く担任を理解してもらうことです。学級通信や保護者会、子どもとの触れ合いを通して、例えば趣味や生育歴、教育観や子ども観など、できる限り具体的な場面を紹介しながら、自分らしさを感じてもらえるように心がけましょう。もちろん、明るく生き生きとしている姿を感じてもらい、安心して子どもを預けられると思ってもらえるようにしなくてはなりません。

★………わずかな手間を惜しまない

　学級経営がうまく回り始めると、心に油断が生じがちです。子どもが不満顔で下校していく様子に気付いても、「まぁ、大丈夫だろう」などと高を括ってしまう。厳しく叱った後も、フォローを入れないで放っておく……。その油断が、大きなトラブルに発展するおそれがあります。
　子どもの様子を観察して、「これは、ちょっとまずいかな！？」と少しでも感じたら、必ず保護者に連絡を入れることです。事情を、早く正確に伝えることができ、不要な心配や不満を保護者に抱かせてしまうことを防ぎます。保護者の多くは、「こんなことで、心配してくださってありがとうございます」と、感謝の言葉を返してくれます。気になることがあったら、手間を惜しま

ず行動することが大切です。

★………誠実に対応する

　保護者の相談にのるうちに、感情移入したり、理想や正義感に駆られたりして、思わず約束してしまう。苦情を言われて、早くその場から逃れたいという気持ちから、無理な要求を受け入れてしまう……。そのようなことはないでしょうか。冷静になってから、たいへんなことをしたと気付いても、後の祭りです。保護者に返事（約束）をするときは、場の雰囲気に流されて安請け合いをしようとしてはいないか、慎重の上にも慎重を期さなくてはなりません。それが、自分の言葉に責任をもつことであり、誠実な姿勢なのです。

保護者の噂や陰口には、無反応を貫き、関与しない。

＋one point！

苦情のために保護者が来校したときはもちろん、街角で保護者と出会ったときにも、「笑顔であいさつ」を心がけましょう。

これは避けたいNG対応

いつも特定の保護者とだけ会話するなど、周囲から「特別扱い」と誤解されかねない行動は慎みましょう。

Chapter 7　日頃の努力でトラブル回避！　保護者との関係づくり＆連携のポイント

最初が肝心！
学級開きにやっておきたい保護者へのアプローチ

　始めよければ終わりよしと言われますが、保護者との関係づくりにおいても、最初が肝心です。学級開きは、子どもを通して保護者にアプローチする時期ということを忘れないようにしましょう。

★………一年間に希望をもたせる出会いを

　4月の始業式の日、我が子の担任は誰なのか、クラスの友達は誰がいるのか……。保護者は、不安と期待で子どもからの情報を待っています。
　「担任の先生は、とても明るくて楽しそうだよ！」
　そんなふうに、胸を弾ませて子どもが報告してくれるのを願わない保護者はいません。担任の第一印象は、子どもを通じて保護者に伝わります。笑顔で、明るく、明朗な言葉遣いで教壇に立ちましょう。そして、みんなで盛り上がるゲームなどで楽しみ、これから始まる一年間に希望をもたせて下校させましょう。何よりも、教師自らが、夢と期待を思い描いて、子どもの前に立つことが大切です。

★………名前を覚える＝大切な存在

　親は、我が子が担任の目に留まる存在であってほしいと願っています。願わくば、「目をかけてほしい」と思っています。もし、教師が、子どものことを、いつまでたっても覚えなければ、子ども自身も「先生は、自分に興味がないのだ」と自信を失います。そして、そのことが、親の不満を誘発することになるのです。最初からそれでは、先が思いやられます。そのようなことがないよう、子どもの名前と顔は、最低でも3日間で覚える努力をしなくてはなりません。可能なら、春休み中に前学年担任の教師から写真を見せてもらい、初日には、クラス全員の顔を見て名前で呼ぶことができるようにしましょう。

★………自信をもって堂々と

　クラス替えのあった年の、4月の保護者会は、一年間のうちでもっとも参加者が増える会です。理由は至って簡単。「新しい担任を観察するため」です。4月最初の保護者会では、保護者に不安を感じさせないよう、学級経営方針や子ども観などについて、自信をもって堂々と話さなくてはなりません。保護者からの質問に、即答できない場合も、「今は答えかねますので、学校に伝えておきます」と、決してあたふたしたところを見せないことが大切です。

　加えて、クイズやゲーム、語りなどを準備しておき、保護者をリラックスさせることも、好印象をもってもらうことになります。

堂々と意欲満々で保護者の前に立つことで、安心感をあたえる。

＋one point！

保護者会で、子どもに関するクイズを出すなど、学校での子どもの様子を知ってもらう工夫をしていくのも、保護者の信頼を得ることになります。

これは避けたいNG対応

気負いすぎて、実行不可能なことや事実と異なることを保護者会で言ったり学級通信に書いたりすると、かえって信頼を失うことになります。

Chapter 7 日頃の努力でトラブル回避！ 保護者との関係づくり＆連携のポイント

協力体制が必須！
基本的生活習慣＆学習習慣の指導

あいさつ、衣類の着脱、整理整頓などの基本的生活習慣や、座って勉強をすることはもちろん、鉛筆の持ち方や学習用具の管理などの学習習慣の指導は、家庭の協力があってこそ効果を発揮します。

★………学校の指導法を紹介して啓発

例えば、衣類の着脱は、ある程度できるところまで自分でやらせ、困っているところを介助しながらやり方を覚えさせていくという指導をします。このように、できる限り自分でやらせ、コツを教えて訓練をさせていきます。ところが、すべて親がやってしまい、力がついていない子がいます。子どもを待てないのか、親がやるのが当たり前と思っているのか、自立させる方法が分からないのです。ですから基本的な生活習慣が身についていない子どものためにも、保護者に、自立に向けた指導のポイントや、具体的な支援の方法を、学級通信や保護者会、必要に応じて連絡帳で個別に伝えることが必要です。

★………家庭学習は親の目の届く場所で

特に低学年の子どもは、鉛筆の持ち方や下敷きの使用、消しゴムの使い方などの習得には、保護者の協力が必要不可欠です。学年が上がっても、真面目に取り組む姿勢を身につけさせるには、家庭の協力が必要です。家庭学習は、できる限り親の目が届く場所でやらせ、必要に応じて助言や指導をしてもらうように伝えます。そして、大切なことは、例えば、姿勢良く勉強しているか、文字を丁寧に書いているか、やるべき分量ができているかなど、家庭学習で協力を必要とするポイントを、明確にして伝えることです。学習内容については、学校で学習したことを理解しているかどうかを点検してもらい、できていなければ連絡してもらう程度の協力にとどめましょう。

★┈┈┈┈可能な範囲で具体的な方法を提示

　家事や仕事が忙しくて、子どもの勉強を見る時間がない、子どもを待つことができない、という保護者もいます。ですから、とうてい無理と思われるような過度な要求をしてはいけません。「可能な限りの協力」をお願いするというスタイルでやりましょう。例えば、10分間だけ漢字や計算問題の様子を見たり、文字が丁寧に書けているかチェックしたりするのをお願いする、というような協力です。また、付きっきりで見なくても、家事をする合間に身辺自立の様子を見てもらうなど、保護者の負担にならない程度に、協力をお願いするのがコツです。

学校の指導の方向性を伝えることで、効果的な協力が得られる。

＋one point！

学校でも必要に応じて個別指導の時間をとりましょう。教師のがんばる姿を見せてこそ、保護者も快く協力してくれるものです。

これは避けたい NG対応

学級通信や保護者会で、「家庭へのお願い」ばかりを事細かく依頼すると、保護者をうんざりさせ、不安にもさせてしまいます。

Chapter 7　日頃の努力でトラブル回避！ 保護者との関係づくり＆連携のポイント

❹ 保護者を安心させる！ 給食問題の対応ポイント

飽食の時代と言われて久しいですが、アレルギー問題や食に対する考え方の多様化などにより、個別対応の必要性が高まったことが原因で、給食指導が行いづらく、保護者からの苦情も多くなってきて、対応を考えなくてはなりません。

★………保護者の意向を重視する

食の指導は、厳しくせずに放っておいてほしいという保護者や、食品の産地や種類に強いこだわりをもつ保護者もいます。さまざまな考え方の保護者がいますが、保護者の意向を重視して、柔軟に対応するのが基本です。もし、指導について苦情が出てきたら、教師としての考え方もあるでしょうが、以後は、保護者の意向に沿って指導を行うのが基本です。そもそも、食に対する指導は、家庭の役割と考えれば気持ちも楽になります。ただし、おかわりや残すときのルール（例えば「すべて食べた人からおかわりをする」「残すときは先生の許可を得る」など）については、クラス全員に徹底して守らせ、保護者の要望が、学級経営に影響をおよぼさないようにすることが重要です。

★………子どもに決めさせる訓練を

食べるか、残すか、分量をどうするかなどは、子どもが自分の体調や好き嫌いなどを考えながら決める力を身につけさせなくてはなりません。しかし、まだ未熟で、わがままや気分次第、自分の体調さえも分からない子がいますから、教師の指導は欠かせません。子どもと教師が相談しながら決めるようにします。そのとき、「これくらい、食べることができる？」「もう少し、がんばってみる？」などと、励ましながら、できる限り嫌いな食べ物に挑戦させたり、できる限り残さず食べさせるように誘導していきましょう。決して高圧的にならず、あくまでも、「自分で決めた」と子どもに思わせるように指

導するのがポイントです。子どもががんばった様子は、連絡帳や電話などで、時折、保護者に伝えるようにします。

★………特別な配慮が必要な子をチェックする

特定の食品にアレルギーのある子がいます。間違っても、食べてはいけないものを、子どもが食べてしまったなどということがあってはなりません。これは、場合によっては、命にかかわりますので要注意事項です。アレルギーで特別に配慮しなくてはならない子には、献立表を確認したり、保護者や本人に直接確認してもらったりするなど、厳重に注意しなくてはなりません。間違いのない確認とチェック体制のためには、家庭との連携が重要です。

食べる指導は、保護者と対立せず、お互いに「納得の上」が効果的。

＋one point！

理由はさまざまですが、お弁当を持参する子もいます。そのことを、他の子に受け入れさせる方法は、保護者の意見を取り入れながら考えましょう。

これは避けたいNG対応

嫌いなものを強要したり、完食するまで長時間放置したりするのは厳禁です。アレルギー問題もあり、クレームが飛び込んできます。

Chapter 7　日頃の努力でトラブル回避！　保護者との関係づくり＆連携のポイント

心配をあたえない！学級閉鎖・学年閉鎖の対応ポイント

インフルエンザなどの感染症で、学級閉鎖や学年閉鎖をする場合、学校からの通知で、保護者にはその理由や今後についての連絡がありますが、担任として、「できること」「やっておきたいこと」があります。

★………閉鎖中の指導を考える

教師も、保護者も、気がかりなのが、閉鎖中の子どもの生活です。特に、病気にかかっていない健康な子が、一日どのように過ごすべきか、しっかり指導しておかなくてはなりません。「友達と遊ばない」「基本的に外出は禁止」を徹底させなくてはなりません。子どもが外出して遊ばないように、時折、校区を見回るようにしましょう。また、家庭での過ごし方を保護者と一緒に考えてもらうようにします。家庭学習課題を出すことは必要ですが、一日中、机に向かわせるわけにもいきません。大量の宿題は、大きな負担となり、クレームの原因にもなります。読書や名作映画の鑑賞など、普段できないことをする良い機会にしてもらうよう、子どもや保護者に伝えておきます。

★………子どもの動向を把握する

閉鎖中、子どもが外出して遊んでいないか、家の中で何をしているのか、感染して体調を崩してはいないかなど、教師が気にかけるべきことはたくさんあります。そこで、閉鎖中は、一日一回は、どの子とも連絡を取るようにしましょう。連絡を取るといっても、家庭訪問をして、直接子どもと会うのではなく、電話連絡が基本です。学校から子どもの家に連絡を取るのが一般的ですが、子どもには、閉鎖前にあらかじめ、「午前中に、電話をかけます」などと伝えておくとよいでしょう。現在は、電話番号表示機能があるので、学校からの電話には出るように伝えておけば、たとえ保護者がいなくても会話することが可能です。

★……早めの対応を心がける

　インフルエンザなどの感染症は、近隣の小学校で流行が始まれば、ほとんどの学校で、すぐに予防対策についての指導を子どもに行います。このとき、手洗いやうがいなどの一般的な感染予防の指導に加えて、「万が一、学級閉鎖になったときにどうするか」について、子どもに話しておきましょう。外出は原則禁止であること、家での過ごし方を考えておくこと、読書用の本を準備しておくことなど、閉鎖中の心構えについて、あらかじめ子どもに話したり学級通信で伝えたりしておけば、万が一というとき、子どもも保護者も慌てることがありません。

閉鎖中の子どもの動向把握で、保護者の安心感もアップ。

＋one point！

学級閉鎖になったら、習い事や塾などへも行かないようにアドバイスをしましょう。強制はできませんが、周りに対する配慮の必要性を教えましょう。

これは避けたいNG対応

病気に感染した子への連絡を、他の子に任せてはいけません。子どもには、感染者との接触を断たせるようにしなくてはなりません。

Chapter 7 日頃の努力でトラブル回避！ 保護者との関係づくり&連携のポイント

⑥ 心配をあたえない！災害発生時の事前準備と緊急対応のポイント

近年の気候変動の影響か、台風や大雨、大雪などによる災害が増えています。天災だけではなく、登下校時の安全確保など、子どもを守るために、より具体的かつ効果的な対応策を考える必要があります。

★………学校の緊急時体制を子どもと確認

学校において、もっとも緊急避難体制の必要性を感じるのが、警報発令時です。天災で大きな被害が出た場合も、基本的に警報発令時の体制をベースにして、子どもたちを学校に待機させるのか、下校させるのか、また、各家庭との連絡をどうするのかといった対応策が検討されることになります。ですから、教師にとって、もっとも身近で実働の確率が高い警報発令時の緊急避難体制を、職員で確認して、いつ警報が出てもすぐに動けるように把握しておかなくてはなりません。また、警報が発令されたとき、どのような行動をとることになるのか、子どもに話して確認させる必要があります。4月、9月、翌年1月の年3回、緊急時の対応についての訓練をするのが理想的です。

★………家族で考える機会を

日本全国の学校で避難訓練が行われています。子どもと教師は真剣に訓練を行っていますが、そのことを保護者に伝えている教師は、意外にもそう多くはないようです。阪神・淡路大震災、東日本大震災によって、学校と子どもだけではなく、保護者の意識も高くなりました。ですから、避難訓練の日には、宿題として、「わが家の防災計画」といった題名で、各家庭で、「このようなことが起きたら、このように行動する」「集合場所を決めておく」など、災害時の行動について考えてもらいます。家庭での災害に対する意識が高くなると、自ずと学校での緊急時対応についても、保護者の関心が高くなります。そして、さまざまな意見が頂戴できるとともに、学校や教師の不備を指摘し

てもらうこともできます。

★………登下校時の安全を保護者に啓発

　子どもの安全に関して、保護者がもっとも不安に感じているのが、登下校時の安全確保です。防犯ブザーや見守りボランティアなどが普及してはいますが、やはり重要なのは、子ども自身が安全意識をもって、自身を守る術を身につけることです。危ない場所を把握して近づかない、危険を感じたら人の多い場所に逃げる、大きな声を上げる……。家庭でも、通学路や遊び場所を点検・確認しながら、自己防衛のための訓練をしてもらうように呼びかけましょう。

緊急時対応は、マニュアルに従って、冷静に行うことが鉄則。

＋one point！

不審者情報が飛び交っています。注意するに越したことはありませんが、子どもに余計な不安をあたえないように気を付けましょう。

これは避けたいNG対応

慌てて冷静な状況判断ができなくなると、組織で行動する大切さを忘れがちです。学校の指揮系統を失念することなく確認し、それに従いましょう。

Chapter 7 日頃の努力でトラブル回避！ 保護者との関係づくり＆連携のポイント

信頼につながる！
通知表の記載ポイント

子どもや保護者にとって、通知表は、担任にどのように評価されているのかを知るために重要なものです。ですから、通知表によって、保護者との信頼関係を深めることができます。

★……通知表の「ねらい」を明確に

「学期最終日は通知表を渡す日」というように、通知表は長期休みに入る前の慣例のようになっているため、その目的をあまり考えないで、作成してはいないでしょうか。

通知表は、日々の子どもの学習活動を評価することによって、子どものさらなる成長を促すためにあります。同じ通知表でも、目的をしっかり考えて作成するのと、そうでないのとでは、子どもへの伝わり方が異なります。通知表を読む子どもや保護者の受け止め方も、当然、異なります。「なぜ、通知表を作成するのか？」――教師として、そのねらいをしっかり考えながら、作成することが大切です。

★……日々の「観察と評価」

一日のかなりの時間、同じ空間で共に生活しているにもかかわらず、あまり記憶に残らない子がいます。何らかの手立てを講じなければ、おそらくその状態で一学期間が過ぎてしまうでしょう。こうした日頃から観察できていない子の通知表については、何を評価し、何を伝えることができるというのでしょうか。通知表を作成する段階になって、「何も書くことが思いつかない」と嘆くことになるのが落ちです。適当な記入文例を見繕って、結果、的外れなことを書いてしまうことにもなりかねません。そのような、適当な通知表作りに陥らないためにも、子どもへの指導力を高めるためにも、日々、一人ひとりの子どもをしっかり観察する力を養わなくてはなりません。

★………通知表を意識して指導する

　そもそも「評価」のねらいは、「子どもの長所を認め、伸ばし、短所を指摘して、反省させ、改善を促す」ことです。子どもの成長を促すためには、日々の評価が必要不可欠と言っても過言ではありません。そこで、学期末の通知表作成を念頭において、日々の子どもの指導に当たるようにします。そのことによって、場当たり的、感情的、勘頼みの作成を防ぎ、子どもも保護者も納得する通知表にすることが可能になります。

　子どもを伸ばすための評価や観察、指導がおろそかになってしまわないためにも、日頃から通知表を意識することは大切です。

通知表を意識した指導で、保護者からの信頼を得る通知表にできる。

＋one point！

多忙を極める時代だからこそ、通知表に振り回されるのではなく、通知表を生かす方向で考えていくことが必要です。

これは避けたいNG対応

市販の記入文例は、あくまで参考であって、書き写すようなことは避けましょう。子どもを思い浮かべながら自分で考える習慣をつけます。

Chapter 7 日頃の努力でトラブル回避！ 保護者との関係づくり＆連携のポイント

熱意と安心感が伝わる！
授業参観の工夫

　授業の様子を見れば、クラスの雰囲気や子ども同士の関係、教師と子どもとの関係が分かるものです。授業参観を工夫して、保護者に担任の熱意を伝え、安心感をもってもらうようにしましょう。

★………クラス全員の子どもの活躍の場をつくる

　保護者の立場から授業を参観してみると、自分の子どもだけしか見ていないことに気付きます。時間をやりくりして参観に行ったのに、自分の子が発表する機会がなかった、活躍するところを見ることができなかったというのでは、あまりにも甲斐がないというものです。たとえ引っ込み思案で、人前での発表が苦手だという子であっても、親の前で活躍しているところを披露してあげなくてはなりません。

　何度も手を挙げているのに、まったく指名しなかったというのは論外です。特に参観の授業は、クラス全員の子が活躍する場をつくり、参観に来た保護者が「来て良かった！」と思えるような配慮が必要です。

★………思考・話し合いのある授業を

　参観していてつまらない授業は、資料や掲示物はふんだんに準備されているのですが、教師の説明に多くの時間が割かれたり、教科書の音読や感想文の発表が淡々と進められるだけだったりする授業です。反対に、面白い授業は、教師と子どもたちとの掛け合いがある授業、意見交流が活発な授業です。具体的には、教師の発問に子どもだけではなく保護者も真剣に考え、子どもの意見にうなずいたり首をかしげたりして、引き込まれてしまう授業。子どもたちが真剣に意見を闘わせる姿や、その意見に思わず感心してしまうような授業……。

　そうした授業は、教師の熱意と力量の高さを感じさせ、クラスの雰囲気の

良さも見えて、安心して自分の子を学校に通わせられると感じてもらえます。

★……授業を演出する

　参観の授業は、ある意味「ショー」であると私は考えています。例えば、授業参観の始まりから終わりまでプリント学習をしたらどうでしょう。学力は身につくかもしれませんが、保護者はまったく満足しません。参観の授業には、参観者（保護者）を満足させる演出が必要です。一時間の授業の中に、「個々の子どもが活躍する場面」「全員で課題に取り組む場面」「意見を交流する場面」などを組み合わせて進めることで、保護者が観ていて飽きない授業にすることができます。参観ですから、映像や画像などを使うのも効果的です。

全員が活躍する場を設けることで、保護者に満足してもらう。

＋one point！

日頃から、漢文や古文などの暗唱や群読などに取り組み、参観の終わり数分間に披露すると、保護者は驚き、満足してくれます。

これは避けたいNG対応

単なる発表会形式の参観ばかり見せられても、教師と子ども、子ども同士の関係が分かりづらく、保護者は飽きてしまいます。

Chapter 7 日頃の努力でトラブル回避！ 保護者との関係づくり＆連携のポイント

参加したくなる！
保護者会づくりのポイント

授業参観と異なり、保護者会となると、参加人数がぐんと減ってしまいます。参加者を増やすためには、出席したいと思わせ、出席して良かったと思われるような「演出」が必要です。

★………参加率を上げるのは教師側

　忙しいということも原因ですが、保護者会の出席率が低い原因は、保護者会に魅力がないからに他なりません。「面白い」「良い」と思えば出席が多くなり、そうでなければ少なくなる……。保護者会には「市場原理」が働いています。ですから、「子どものことを考えてよ」と保護者を批判したり、心情に訴えても、何も変わりません。授業や学級活動の映像を流す、保護者に対して模擬授業をする、話題の教育問題について共に考える……。真剣に考えれば、アイデアはいくらでも出てくるはずです。参加率を上げたいと願うなら、まずは「魅力のない保護者会にして、参加率を下げている原因は自分である」と謙虚に反省し、教師が真剣に考えなくてはなりません。

★………子どもの様子を報告する

　自分の子どもが、どのような環境で学習しているのか、友達関係はうまくいっているのか、真面目に勉強しているのか……。保護者の関心は、我が子に尽きます。ですから、保護者会には、必ず、子どもの様子を報告するコーナーを設けましょう。子どものノートや作文などの資料を交えながら、具体的な場面を紹介するのがコツです。現在は、映像機器が充実しているので、写真のスライドや動画などを簡単に編集することができますし、それを観てもらうと、とても喜ばれます。子どもの様子を紹介しながら、クラスの課題について考えたり、保護者の協力を呼びかけたりすることで、保護者会をより一層充実したものにすることができます。

★……… テーマを設定して予告する

　保護者会で、何が行われ、何が話し合われるのかが分からないというのでは、保護者は出席してみようとは思いません。それが自分の興味とはまったくかけ離れたものであれば、なおさらです。そこで、保護者会で考えてみたいテーマを、保護者から募るようにします。すると、「今、子どもが抱えている課題」「子育ての悩み」など、保護者自身が興味をもっていることが思った以上に出てくるものです。それらを集約してテーマを決め、保護者に会の予告をします。一年間の計画をすべて予告できればよいのですが、無理ならば、月々の保護者会のレジュメを事前に配付しておき、参加を呼びかけるようにしましょう。

魅力ある内容と予定の告知で、保護者の参加意欲をそそる努力を。

＋one point！

保護者会の参加人数が少ないのは、学級が安定して、保護者が安心している証拠でもあります。ですから、あまり気に病まないことも大切です。

これは避けたいNG対応

他のクラスや他の教師を批判するようなことは、絶対に言ってはいけません。保護者会での発言内容は、「明るく、楽しく、かつ慎重に！」です。

Chapter 7 日頃の努力でトラブル回避！ 保護者との関係づくり&連携のポイント

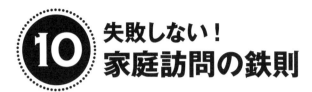

10 失敗しない！家庭訪問の鉄則

　年度始めに行う他に、病気やケガ、トラブルがあった際にも家庭訪問をすることがあります。家庭訪問をする用件に応じて、気を付けなければならないポイントがあります。

★………年度始めの家庭訪問のポイント

　年度始めの家庭訪問は、子どもの自宅がある場所の確認と、保護者とのあいさつ、そして、家庭での子どもの過ごし方や、家庭の雰囲気を知るために計画的に行います。ですから、時間厳守に努め、定刻の±3分を厳守しましょう。また、家庭訪問の前には、例えば「部屋には上がりません」「お茶は不要です」「お子さんのことについて質問します」「質問や要望があれば考えておいてください」などといったことを、あらかじめ保護者に伝えておくようにします。そのことによって、滞在時間が均等になり、時間を有効に使って会話することができます。また、保護者との関係を築くための第一歩ですから、学校での子どもの様子を具体的に報告して、熱意ややる気を伝え、良い第一印象をもってもらうように努めることが大切です。

★………欠席したら家庭訪問

　子どもが欠席したら、可能な限り家庭訪問をするように努めましょう。最低でも2日間連続して欠席したら、必ず家庭訪問です。自分が欠席した日に担任の先生が来てくれることで、「気にかけてもらえた」と子どもはうれしく思い、自尊感情も高まります。もちろん、親子共々担任に対する信頼度がアップします。

　また、欠席した子への家庭訪問は、不登校の予防につながる効果があります。半ば「さぼり」気分で欠席する子は、そのままにしておくと、次の日も欠席する可能性が大です。家庭訪問によって、「自分もクラスの一員として大切に

思われている」と子どもに自信をもたせ、登校を促すことができます。

★………積極的な家庭訪問を

　すべての保護者対応に言えることですが、特に家庭訪問は、教師自ら積極的に行うことが重要です。例えば、保護者から苦情の連絡が入ったとします。電話での連絡も悪くはありませんが、直接話した方がよいと感じたら、家庭訪問です。もちろん、事前に了承を得ての訪問になりますが、特別な理由がない限りは、家庭訪問を断る保護者はほとんどいません。直接顔を見ながら話すことで、トラブルが収まる場合がほとんどです。苦情を言っていた保護者が、「家まで来てもらって」と、恐縮してくれることもしばしばです。

家庭訪問自体が、保護者・子どもとの信頼関係を築くものです。

＋one point！

お茶を出していただいたら、無下に断らず、相手のもてなしを受けることも、大切です。それが、相手に対する心遣いというものでしょう。

これは避けたいNG対応

長時間話し込んで、保護者や近所の迷惑にならないようにしましょう。用件を手短に終わらせて、時間をかけないのが基本です。

Chapter 7 日頃の努力でトラブル回避！ 保護者との関係づくり&連携のポイント

教師の思いが伝わる！ 学級通信作りのポイント

学級通信は、教師と子ども・保護者とをつなぐ、重要なツールです。単なる実践記録や授業記録にするのではなく、通信によって、クラスや子どもに対する教師の熱い思いを伝えていきましょう。

★………教育観や指導観を伝える

保護者は、学校での子どもの様子を知りたいと思っています。ですから、授業や休み時間の様子を学級通信に書くことは、非常に大切です。より具体的な場面を描写して、臨場感のある通信にしたいものです。しかし、単に、子どもやクラスの様子を書くだけでは、保護者が飽きてしまうのです。そこに、「ここを大切にしている」「それが子どものよさだと思う」といった、担任の思い（教育観や指導観）を書き添えることが重要です。そのことによって、担任が、子どもをどういうふうに観ているのか、何を大切にして指導しているのかといったことを、保護者は理解していきます。

それは、担任の指導を理解して、協力し合っていくことにつながります。

★………「相手意識」を忘れない

学級通信は、保護者に向けて発行してはいますが、自分の実践記録にもなります。そうであるが故に、「教師と子ども・保護者とをつなぐ」という本来の目的を忘れているとしか思えない学級通信を目にします。例えば、大した内容も書かれていないのに、やたらと発行数の多い通信です。また、授業記録や子どもの作文ばかりという通信もあります。これらの通信は、果たして保護者から読むのを楽しみにされているでしょうか。それは、非常に怪しいというのが私の考えです。なぜなら、このような学級通信には「相手意識」が欠落しているからです。通信は、読み手の立場になって書かなくてはなりません。自己満足の学級通信では、保護者とつながるツールにはなりません。

★……発行をプレッシャーにしない

　「せめて１週間に１回は出さなくては」と自分を追い込んでしまったり、「次の通信はまだですか？」「楽しみにしています」などという保護者からの励ましが逆にプレッシャーになったりすることがよくあります。発行することに過剰なプレッシャーを感じてしまうと、「書くこと」よりも「出すこと」が目的になってしまいます。すると、内容が薄くなり、発行してはいるものの、読み甲斐のない学級通信になってしまうおそれがあります。発行をプレッシャーにしないために、はじめから「不定期発行」を宣言しておき、出したいとき、出すべきときに良い通信を発行していくようにしましょう。

担任の教育観や指導観の伝わる通信が、保護者の心をとらえる。

＋one point！

いつも堅い文章ばかりでは、保護者も飽きてしまいます。ときには、砕けた文章で、子どもや担任自身の面白いエピソードなどを書いてみましょう。

これは避けたいNG対応

文字として残る物です。気を緩めて、過激な表現や批判的な表現にならないように十分注意しましょう。管理職のチェックは必須です。

Chapter 7 日頃の努力でトラブル回避！ 保護者との関係づくり&連携のポイント

心をつかむ！ 連絡帳へのコメント

連絡帳は、個々の保護者と担任とをつなぐ貴重な場です。連絡帳での相談や要望には、保護者の立場になって、誠実にアドバイスや回答をすることを心がけましょう。

★………些細なことと思える連絡にもコメントを

連絡帳に書かれているのは、取り立てて返事を書くまでもないような内容がほとんどです。しかし、保護者がわざわざ書いてきたということは、後で保護者がその連絡帳を必ず見ると考えなくてはなりません。そのとき、子どもに渡したときと同じままの状態だったとしたら、それを見た保護者はどう思うでしょう。さほど重要ではないと思われる連絡であっても、必ず何かひと言コメントを添えて返さなくてはなりません。

わずかなひと言が、相手に対する思いやりや対応の誠実さを表すことになります。たとえ、ひと言であったとしても、コメントが添えられているのと、そうでないのとでは、保護者の受け止め方に雲泥の差が生じます。

★………子どもの様子を添える

例えば、「体調が悪くて、宿題ができていません」という連絡がきたら、「学校では、努めて元気にがんばっていました」と。また、「教科書を探しても見つかりません」と書かれていたら、「学校でも、一生懸命探していました」などと、子どもの様子を伝えるひと言を添えて返しましょう。保護者は、心配して連絡をしてきています。学校で子どもがどんな様子だったか、気にしているはずです。担任も、その子を心配してしっかり観察し、支援も行ったことを、子どもの様子を通して伝えることが重要です。子どもを気にかけて、しっかり観察し、対応してくれる教師を、批判する保護者はいません。

★………感謝のひと言を添える

　たとえ、担任を批判するような内容や、少々無理と思える要望が書かれてあったとしても、「ご連絡ありがたく拝見しました」などの感謝のひと言を添えるようにしましょう。また、詳しく返答しなくてはならない場合は、文章で返すと誤解や余計な憶測が生じますから、「後ほど、お電話をさせていただきます」などと返すとよいでしょう。批判や要望を率直に伝えてもらうことで、教師として至らなかったところに気付かせてもらい、後の指導に役立てることができます。苦情や要望は、じつはもっともありがたいメッセージなのです。

　感謝の言葉を添えて返すのが、礼儀というものです。

連絡帳へのコメントは人柄を表すと考え、誠実に返しましょう。

＋one point！

簡単な連絡であれば、低学年であっても、連絡帳を担任に見せるときは、子どもに自分の口から用件を言わせるように指導しましょう。

これは避けたいNG対応

たとえ、早退や欠席の連絡であっても、検印をポンと押して返すだけということのないようにしましょう。

Chapter 7 日頃の努力でトラブル回避！ 保護者との関係づくり＆連携のポイント

トラブルを起こさない！ホームページやメール通信のポイント

いまや学校現場でも、ホームページの開設は当たり前になりました。学校便りや学年通信、緊急連絡をメール配信する地域もあります。電子媒体の特徴を理解して、トラブルを未然に防ぐことが必須です。

★………個人が特定できないように

　デジタルデータでもっとも問題になるのが、個人情報の漏洩です。相応の事情と保護者・本人の了承がなければ、子どもの顔が特定できる写真や映像の公開はしないのが、学校の常識になっています。画質を落とす、顔を正面から写した写真を使わないなどの配慮をして、ホームページにアップするのが通例です。その場合でも、すべての保護者から掲載許諾をもらっておき、掲載拒否の子については、たとえ後ろ姿であっても掲載しないなど、徹底的に管理しなくてはなりません。このような対応策は、学校全体で進めなくては意味がないので、情報担当の教師に確認しておきましょう。

★………二重、三重のチェック体制を

　学校から保護者宛に出す文書は、学級通信であっても、必ず管理職にチェックしてもらいます。できる限り多くの目で見て、トラブルを未然に防ぐ必要があるからです。ホームページやメール通信などは、紙媒体よりさらに厳重なチェックが必要です。特にホームページは、世界中に公開されているものですから、問題があるものを公開してしまうと、取り返しのつかないトラブルに発展するおそれがあります。一度公開してしまったら、完全回収は無理ですので、公開前のチェックがもっとも重要という認識をもっておきましょう。そして、例えば「作成者→学年主任→管理職」というように、チェック体制を何重にもして大勢の目でチェックし、安全を確認してから公開・配信の作業に移るようにしましょう。

★········対処法を知っておく

　危機管理には、「人はミスするもの」という認識が大切です。トラブルが起きないように、厳重な管理体制で臨んでいたとしても、ミスをして、流してはいけない情報を公開してしまうこともあり得ます。そのとき、どのような対応策をとればよいのか、把握できているでしょうか。マニュアルはあっても、具体的に、誰が、どのように行動するのか、ほどんどの教師が分かっていない学校が多いのではないでしょうか。もしかすると、マニュアルさえない学校もあるかもしれません。すぐに、自校の対応策を確認し、把握しておきましょう。

トラブルの未然防止がすべて！　厳重なチェック体制で臨もう。

＋one point！

日頃から、紙媒体で配付する通信も、チェック体制を強化して、「公開する」という意識を強くもつことが、電子媒体への意識に通じるのです。

これは避けたいNG対応

クラスや職員室でのトラブルが掲載されているのを時折目にしますが、トラブルは、掲載しないのが鉄則です。

Chapter 7　日頃の努力でトラブル回避！　保護者との関係づくり&連携のポイント

チーム力がアップ！
保護者の連携構築のコツ&トラブル対応

　まとまりがあり、一体感のあるクラスというものは、保護者間のまとまりもあるものです。子どもたちのために親同士が連携して、学校に協力してくれます。保護者同士の繋がりには、担任の力が無関係ではありません。

★………保護者は子どもを通して連携する

　言うまでもありませんが、保護者同士の繋がりは、子どもを通じて形づくられます。仲のよい友達ができたら、その保護者同士も会話が増え、仲よくなります。反対に、保護者の仲違いは、子ども同士のトラブルが原因で生じることがほとんどです。

　ですから、保護者の連携を強くするために、もっとも重要かつ効果的なのは、教師が「よい学級づくり」に力をそそぐことに尽きます。子ども同士が本音を出し合い、学習に本気で取り組む学級づくりを目指しましょう。子どもが、「学校が楽しい」「友達大好き」と言っていれば、保護者同士は自然にまとまっていくものです。

★………イベントで交流機会をつくる

　子どもが本音を出しながら本気で取り組むのが、イベントです。しかしながら、平成20年の学習指導要領の改訂で、学級イベントに割く時間に余裕がなくなりました。それでも、本気で良いクラスにしたいと願うなら、学級イベントは必要です。年に一度でも、保護者の協力を必要とするイベントを仕掛けてみましょう。例えば、「ゴルフ大会」をするためにルールを父親から聞いておく、「お菓子づくり」のために母親からレシピを聞いておくといった具合で、アイデアはたくさんあると思います。まずは一つのイベントを達成するために、クラスの保護者が情報を共有する機会をつくるのです。それを仕掛けることができるのは、担任しかいません。

★………保護者間トラブルには介入しない

　保護者同士がもめているという情報が舞い込むことがあります。保護者がもめると子ども同士の関係に悪影響をおよぼすおそれもあり、心配です。しかし、基本的には、担任は、そこに深く関わらないことです。相談をもちかけられたときは、「子ども同士の関係に影響が出ないよう、担任として取り組んでいきます」と答えるべきです。担任としてできることは、子ども同士をさらに良い関係にすることだけなのです。学級イベントで楽しませたり、授業に夢中に取り組ませるようにしたり……。子どもの関係を良好に保つことで、保護者のもめ事に子どもが影響されないよう、全力を尽くしましょう。

保護者同士のトラブルには介入せず、学級経営に全力を傾けよう。

＋one point！

可能であれば、保護者会や夏休みなどに、子どもと保護者との合同イベントを行いましょう。保護者同士の連携にはもっとも効果的です。

これは避けたいNG対応

保護者同士のトラブルは、学年主任や管理職に必ず報告です。中途半端な正義感や独断で、勝手な行動をとることは絶対にいけません。

Chapter 7 日頃の努力でトラブル回避！ 保護者との関係づくり&連携のポイント

信頼と協力が築ける！PTAとの関わりポイント

子どもへの指導には、保護者の理解と協力が必要です。なかでも、PTA役員との関係づくりは、多くの保護者との連携づくりに大きく影響します。日頃から、PTA役員との良好な関係づくりに努めましょう。

★………関係づくりは「あいさつ」から

保護者にとって、学校、特に職員室はなかなか行きづらい場所と言われます。教師からすれば、「そんなことないのに……」と言いたいところですが、実際、PTA役員が職員室に入ってきても、顔をチラリと上げるだけで、対応するのは管理職だけという学校は少なくありません。

PTA役員に限らず、本来、誰が来ても、笑顔であいさつをし、用件を尋ねるのが、社会人としての基本です。忙しいのは分かりますが、そのくらいの常識はわきまえておかなくてはなりません。「関係づくりはあいさつから」です。特に、頻繁に来校するPTA役員の顔と名前くらいは覚えておき、「〇〇さん、おはようございます。用件は伺っていますか」と、教師の側から声かけをするように心がけましょう。

★………協力的な姿勢を見せる

PTA役員から、PTA新聞やPTAだよりなどの配付を頼まれたり、学校行事での仕事の協力を頼まれたりすることがあります。管理職を通じて依頼されることがほとんどですが、ときに、あからさまに嫌な顔をする教師を見かけることがあります。内容によっては、「それは、保護者の責任」「なんで、教師がやらなくてはならないのか」と批判的な態度を見せる人さえいます。このような姿勢では、自分のクラスの保護者との関係がうまくいくとは思えません。PTA役員も、学校のためと時間を割いているのです。依頼事には協力的な姿勢で臨まなくては、保護者と教師との協力関係は望めません。

★……… 信頼と協力関係の基礎は担任が築く

　保護者と教師とは立場が異なりますから、場合によっては、対立することもあります。しかし、「目的は子どものより良い成長」という原点に立ち返って考えれば、双方の立場を理解することはできるはずです。保護者に、教師の立場について理解を示してもらうためには、教師は、学級経営や授業に力をそそぎ、その様子を発信することに尽きます。そして、子どものために力をそそげば、保護者の悩みも理解できるようになります。

　このように、保護者と学校との信頼と協力は、保護者と担任との相互理解を深めていくことが根底にあってこそ、築かれていくものなのです。

教師が自ら話しかけることから、信頼と協力関係が始まります。

＋one point !

PTAは法的制約のない任意組織です。法的には入会の義務がありませんから、保護者を強制的に入会させることはできません。

これは避けたいNG対応

近年、PTAという組織が存在しない学校も増えました。だからといって、「必要ない」などと、教師がその存在を否定するのは避けるべきです。

column 7

保護者が教師を育てる

　授業が楽しくて、子どもが成長するのがうれしくて、20代の頃の私は、周囲の迷惑を顧みず、自分が「善し」と思うことを手当たり次第にやっていました。ちょうど勤務していた学校が、田舎の小規模校だったこともあり、保護者の方々は、無鉄砲な若い私を、惜しみなく助けてくれました。「夏休みにダムで釣りとバーベキューをしよう」と言えば、自動車で送り迎えをしてくださる。「運動場でキャンプをする」と言えば、テントをはじめとするキャンプセットを必要分そろえてくださる。また、「交換ホームステイをしよう」と言えば、友達の家の子になって一泊二日で生活するという「荒技」にも快く協力してくれたのです。我ながら、よくぞあれだけのパワーがあったものだと、今更ながら感心してしまいます。

　それでも、そのときは、がむしゃらで周りが見えなかったのですが、今思えば、私に教師のやり甲斐や大切な教育観をあたえてくださったのは、間違いなく、あの時代の保護者の方々でした。

　さまざまな活動を共にして確信したことは、「保護者と教師が、教育という同じ土俵の上で協力し合い、ときにはぶつかり合って、同じ方向に舵をきったとき、子どもは大人が想像もつかないような力を発揮する」ということです。

　現在、私は、勤務校で、クレームや要望を言ってくる保護者の対応、子どもの友達関係のもつれで悩む保護者の相談など、日々舞い込んでくる課題を解決に導いていくための仕事を命じられています。周りの教師は、「大変でしょう」と気遣ってくれますが、じつは、正直、それほど苦痛に感じたことはありません。かえって、多くの保護者と真剣に話し合い、問題が解決するたびに、なんとも言えない充実感を味わうことが生き甲斐のようになってきています。これもまた、間違いなく、若い時代に私を育ててくださった保護者の方々のお陰であると言えます。そして、何よりも、保護者は最強のパートナーであると、心から感じることができることに感謝しています。

著者紹介

中嶋 郁雄（なかしま いくお）

1965年、鳥取県生まれ。
1989年、奈良教育大学を卒業後、奈良県内の小学校で教壇に立つ。
新任の頃より「子どもが安心して活動することのできる学級づくり」を目指し、教科指導や学級経営、生活指導の研究に取り組んでいる。
子どもを伸ばすために「叱る・ほめる」などの関わり方を重視することが必要との主張のもとに、「中嶋郁雄の『叱り方』＆『学校法律』研究会」を立ち上げて活動を進めている。
著書に『新任3年目までに身につけたい「超」教師術！』『その場面、うまい教師はこう叱る！』『高学年児童、うまい教師はこう叱る！』『困った小学1年生、うまい教師の指導術』（すべて学陽書房）、『教師の道標――名言・格言から学ぶ教室指導』（さくら社）、『叱って伸ばせるリーダーの心得56』（ダイヤモンド社）など多数ある。
・「中嶋郁雄の『叱り方』＆『学校法律』研究会」のブログ
　shikarikata.blog.fc2.com/

新任3年目までに身につけたい
保護者対応の技術

2015年7月27日　　初版印刷
2015年8月5日　　初版発行

著者―――――― 中嶋郁雄（なかしまいくお）

ブックデザイン― 笠井亞子
イラスト―――― 坂木浩子
発行者―――――佐久間重嘉
発行所―――――株式会社 学陽書房
　　　　　　　　東京都千代田区飯田橋1-9-3　〒102-0072
　　　　　　　　営業部　TEL03-3261-1111　FAX03-5211-3300
　　　　　　　　編集部　TEL03-3261-1112　FAX03-5211-3301
　　　　　　　　振　替　00170-4-84240
印刷――――――加藤文明社
製本――――――東京美術紙工

©Ikuo Nakashima 2015, Printed in Japan
ISBN978-4-313-65286-6　C0037

乱丁・落丁本は、送料小社負担にてお取り替えいたします。
定価はカバーに表示してあります。

学陽書房刊　中嶋郁雄の著書

●大好評！「うまい教師」シリーズ

その場面、うまい教師はこう叱る！

◎ A5判128頁　定価＝本体1700円＋税

とっさのこの一言が子どもを変える！　態度が悪い、授業をかきまわす、学校のルールを守らない……こんな困った場面をスッキリ解決！　わかりやすいイラストで、児童の困った行動・態度がみるみる素直になる叱り方・ワザを紹介。

高学年児童、うまい教師はこう叱る！

◎ A5判176頁　定価＝本体1800円＋税

思春期や反抗期も始まり、扱いが難しい高学年児童。男子編、女子編と大きく構成を分け、困った場面ごとの具体的指導例をきめ細かくフォロー。子どもとの信頼関係を築きながら、バシッと伝わる効果的な指導のワザを一挙ご紹介！

困った小学1年生、うまい教師の指導術

◎ A5判168頁　定価＝本体1900円＋税

「小1プロブレム」と呼ばれ、教師たちを大きく悩ませる小学1年生の不適応行動。子どもたちがさまざまなかたちで発するメッセージの受け止め方をはじめ、子どもを落ち着かせ、さらには成長を引き出すための指導法を具体的実践例とともに紹介。

学陽書房刊　中嶋郁雄の著書

●大好評！「うまい教師」シリーズ

そのクレーム、うまい教師はこう返す！

◎ A5判128頁　定価＝本体1700円＋税

突然やってくる保護者からのクレーム！　とっさの対応をどうすべきか？　クレームを生まないための信頼関係をどうつくるといいのか？　保護者から信頼される教師のための、保護者対応の基本がわかる！

仕事がパッと片づく！うまい教師の時間術

◎ A5判128頁　定価＝本体1700円＋税

「忙しくて寝る時間がない！」そんな日々に追われていませんか？　もっと効率的に仕事ができて、生活が充実し、クラスも伸びる方法を知りたい人へ。年間のダンドリから、毎日の仕事のこなし方まで、忙しい教師のための人生を変える時間術！

そのクラス、うまい教師はこう動かす！

◎ A5判124頁　定価＝本体1700円＋税

落ち着きがなく騒がしい、指導を素直にきかない……そんな悩みをバッチリ解消！　クラスをリードし、子ども集団をうまく動かす力が身につく一冊！　すぐに実践できる方法が満載で、子どもたちがみるみる素直になる。

困った場面、ズバリ解決！うまい教師の対応術

◎ A5判144頁　定価＝本体1700円＋税

授業、生活指導、休み時間、保健・給食、職員室・保護者対応……どんな教師も一度ならず直面する「それ、あるある！」「そんな場面、あるよね！」と共有・共感してしまう学校現場のリアルな悩み、クラスの気になる"問題""困った"に、説得力ある具体的対処法とすぐに使える打開策でわかりやすく応える。

学陽書房刊　中嶋郁雄の著書

新任3年目までに身につけたい「超」教師術！

◎ A5判160頁　定価＝本体1700円＋税

学級担任としてのリーダーシップ、学級づくり、授業づくり、膨大な事務仕事のダンドリ、職場の人間関係、保護者対応……若い教師が必ずぶつかる「不安」「失敗」「困った」が、確かな「自信」へと変わる、目からウロコのヒントやスキルアップ術が満載！

誰でも成功する児童の叱り方のキーポイント

◎ A5判160頁　定価＝本体1700円＋税

「子どもに考えさせ、反省させる」視点で、乱暴な子、まじめな子など個々の子どもに合った叱り方、けんか、責任逃れなど場面に応じた叱り方を提示。基本的習慣を身につけさせる、学習に集中させる、反省文の書かせ方、叱るタイミングのキーポイントなども網羅。

教師に必要な6つの資質

◎ A5判224頁　定価＝本体1700円＋税

いま、学級経営に求められるのは担任教師のリーダーシップ。自分の理想とする学級づくりを切望する教師が、自信と希望をもって教室に向かえるようになるために。

しつけに使える学校の妖怪・怖い話

◎四六判148頁　定価＝本体1600円＋税

妖怪が教える子どもの生活習慣。15のオリジナルな学校の妖怪が登場。朝の会、道徳、学活の時間はもちろん、林間学校・修学旅行の夜に最適。「教育的な視点」で書かれた「妖怪伝説」「怪談」の本。